PABLO BROKJES
MUESLI FERNANDO
FERNANDO SARDINE
PABLO toilets
PABLO VOOR DE WAS

OPERATIE PISANG

COSTA BANANA 3

Verslind alle boeken van Jozua Douglas!

De verschrikkelijke badmeester
De vreselijke tweeling

In de serie Costa Banana:
De gruwelijke generaal (1)
De ongelooflijke Ravi Ravioli (2)
Operatie Pisang (3)

JOZUA DOUGLAS

OPERATIE PISANG

TEKENINGEN VAN ELLY HEES

UITGEVERIJ De Fontein JEUGD

Voor Arno

MIX
Papier van verantwoorde herkomst
FSC® C014496
FSC www.fsc.org

Derde druk, 2018

www.defonteinkinderboeken.nl
www.jozuadouglas.com

Vormgeving Elly Hees

ISBN 978 90 261 4672 5 (e-book 978 90 261 4397 7)
NUR 283

Aantal inwoners: 6.250.544
Taal: Spaans
Hoofdstad: San Fernando
Munt: Costa Banaanse dollar
Nationale feestdag: 7 juli Florabella-dag

Costa Banana is een klein tropisch landje in Centraal-Amerika. Het is er altijd warm en er valt veel regen. Het noordelijke deel is bedekt met ondoordringbaar oerwoud. In het zuiden vind je zonnige palmstranden en grote bananenplantages.

PABLO FERNANDO

is president van Costa Banana.
Hij is er helemaal in zijn eentje de baas
en verzint de gekste wetten.

FLORABELLA

is de vrouw van Pablo Fernando.
Ze is de mooiste vrouw van Costa Banana,
maar toch vindt ze zichzelf ontzettend lelijk.

ROSA EN FICO

zijn de kinderen van de president.
Fico is het lievelingetje van zijn vader.
Hij wordt later de nieuwe president en
mag nu alvast wetten verzinnen. Rosa zou ook wel
president willen worden, maar haar vader vindt dat
niets voor meisjes. Rosa is gek op spionage. Als ze
geen president kan worden, wil ze spion worden.

HOOFDSTUK 1

DE LIJST

De president zat in een ligstoel aan de rand van zijn zwembad. Op zijn schoot lag een kladblok. Af en toe schreef hij wat op, kauwde op het uiteinde van zijn potlood en staarde dan weer een hele tijd voor zich uit.

Hij was zo geconcentreerd dat hij Pepito helemaal niet hoorde aankomen. Pepito was de baas van de Super Geheime Dienst. Het was zijn taak om de president van alles op de hoogte te houden. Hij wist bijna alles. Van bijna iedereen. Zijn spionnen waren bijna overal en hielden bijna iedereen in de gaten.

Pepito schraapte zijn keel. 'Er is een brief voor u gekomen,' zei hij.

PEPITO

SUPER GEHEIME DIENST

'Moet dat nu?' vroeg de president. 'Ik ben bezig. Ik probeer een nieuw volkslied te schrijven.'

'Dat begrijp ik, Super Pablo,' antwoordde Pepito. 'En dat is ongetwijfeld erg belangrijk. Maar deze brief moet u echt even lezen.'

'Het wordt een rap,' zei de president glunderend. 'Is dat niet geweldig?'

Pepito plukte zenuwachtig aan zijn snor. 'Nou en of.'

'Er is geen enkel land dat een rap als volkslied heeft. Het is uniek.'

De baas van de Super Geheime Dienst knikte.

'En daarom mag niemand weten dat ik hiermee bezig ben, Pepito. Niemand! Dit is top secret. Ik wil de eerste zijn.' De president droeg een zonnebril. Het zonlicht schitterde in de grote, spiegelende glazen.

'Dat spreekt voor zich.'

'We zullen hip zijn. En cool. Alle landen zullen ons voorbeeld volgen.'

'Daar ben ik van overtuigd, maar er is iets wat u moet weten.'

De president zuchtte luid. 'Oké, vertel op.'

Pepito schraapte zijn keel. 'Meester Gabriel is ervandoor,' zei hij. 'Hij is niet teruggekomen van zijn vakantie.'

De president zette zijn zonnebril af. Meester Gabriel gaf al jaren privéles aan zijn twee kinderen. Hij was een ontzettend aardige man. Altijd stond hij voor je klaar. Hij hoorde bij de familie. En nu was hij ineens vertrokken?

'Weet je waar hij naartoe ging op vakantie?' vroeg de president.

'Naar Costa Kanaria.'

'Costa Kanaria?' De president keek geschrokken.

Costa Kanaria was het buurland van Costa Banana. Max Romero was er in zijn eentje de baas. President Fernando kon hem niet uitstaan. Ze hadden ruzie over bijna alles. Over grote en kleine dingen.

Een paar voorbeelden:

DE EILANDENRUZIE

Ze hadden ruzie over een aantal onbewoonde eilanden. Volgens Pablo Fernando waren die allemaal van Costa Banana. Dat was al zo sinds het tijdperk van de dinosaurussen, beweerde hij. Volgens Max Romero waren ze van Costa Kanaria. Dat was al zo sinds de oerknal, zei hij.

DE DINORUZIE

Over dinosaurussen gesproken. Een wetenschapper uit Costa Kanaria vond botten van een nieuwe dinosoort op de grens tussen beide landen. President Fernando wilde dat deze dino fernandosaurus zou gaan heten. Maar de man noemde het dier romerosaurus, naar zijn eigen president.

DE BANANENRUZIE

Ze hadden ruzie over wie de grootste banaan kon kweken. Telkens als Pablo Fernando een grote banaan had gekweekt, kwam Max Romero even later met een nog grotere. Het was Pablo's droom om ooit een banaan te kweken die zo groot was als een kano.

DE VOETBALRUZIE

Op het WK voetbal in Costa Kanaria verloor het elftal van Costa Banana alle wedstrijden. Volgens president Fernando kwam dit doordat het doel van zijn team een paar centimeter groter was dan dat van de anderen. Hij was ervan overtuigd dat Max Romero hierachter zat.

DE VULKANENRUZIE

Toen de Romerovulkaan in Costa Kanaria uitbarstte, stroomde een groot deel van de lava de grens over, naar Costa Banana. President Fernando vond dat niet kunnen. Romero moest zijn troep maar bij zich houden.

En dat was nog niet alles. Er waren nog een heleboel andere dingen waar ze ruzie over hadden, zoals over wie de baas was van de maan. Wie het eerst een piramide in zijn achtertuin had gebouwd. En wie het spel mens-erger-je-niet had uitgevonden.

'Denk je dat meester Gabriel ons heeft verraden?' vroeg de president.

'Daar gaan wij niet van uit,' antwoordde Pepito. Hij haalde een papier uit zijn binnenzak. 'Wij ontvingen vanochtend deze brief. Wilt u dat ik hem voorlees?'

'Geef maar hier,' zei de president.

Pepito gaf hem de brief. Hij was geschreven in een keurig handschrift.

Hooggeachte Meneer de President van Costa Banana,

Enige tijd geleden ontmoette ik een bijzondere vrouw. Wij werden verliefd en besloten te gaan samenwonen in het land van haar familie, Costa Kanaria.

Liefst had ik u dit persoonlijk verteld, maar omstandigheden dwingen mij ertoe deze brief te schrijven. Hoewel ik een geweldige tijd heb gehad op het paleis, wil ik bij dezen mijn ontslag indienen. Ik zal u en uw geweldige familie ongelooflijk gaan missen.

President, het ga u goed!

Gabriel

De president fronste zijn wenkbrauwen. 'Kon hij dat niet gewoon even zeggen?'

'Misschien durfde hij dat niet?' opperde Pepito.

‘Misschien was hij bang dat u hem niet zou laten gaan.’

‘Natuurlijk zou ik hem niet laten gaan,’ antwoordde de president. ‘Hij is een geweldige meester. De kinderen zijn dol op hem.’

Pepito draaide aan zijn snor. ‘Dat spreekt voor zich!’

‘Breng hem hier,’ riep de president. ‘Wat denkt hij wel.’

‘Weet u dat zeker?’ vroeg Pepito. ‘Het is een hoop gedoe en er zijn genoeg goede meesters in Costa Banana.’ Hij haalde nog een papier tevoorschijn en gaf het aan de president. Het was een lijst met namen. ‘Dit zijn de beste meesters van het land,’ zei hij triomfantelijk. ‘Ze zijn allemaal groot fan van u. Ik adviseer u om de bovenste te nemen.’

De president pakte het papier aan. ‘Dat heb je snel gedaan,’ zei hij bewonderend.

Pepito glimlachte. ‘Deze lijst hadden we al klaarliggen. Wij houden iedereen in de gaten. Uw grootste fans komen op een speciale lijst. Zij kunnen uw dienaren vervangen als dat nodig is. We hebben voor al uw personeel iemand klaarstaan. Zelfs voor de toiletjuffrouw. Want je weet tenslotte maar nooit.’

De president glimlachte. ‘Goed idee. Je bent een slimme jongen.’ Hij liet zijn blik over het papier gaan. ‘Manuel Moreno,’ mompelde hij.

‘Dat is onze eerste keus,’ zei Pepito. ‘Er is werkelijk niets op hem aan te merken, zoals u zult zien.’

De president begon te lezen.

> **Manuel Moreno** – Meester Manuel is een van de beste meesters van Costa Banana. Hij werkt al jaren op de Pablo Fernando-school. De cijfers van zijn klas zijn opmerkelijk hoog. Daarnaast is hij een groot fan van de president. Hij slaapt onder een Fernando-dekbed, draagt Fernando-slippers en heeft een grote collectie Fernando-poppetjes. In iedere ruimte van zijn huis hangt een portret van de president. Zelfs op het toilet. Hij heeft nog nooit iets naars over onze Grote Intelligente Leider gezegd. Ook niet in zijn slaap.

De president knikte goedkeurend en gaf Pepito het papier terug. 'Dit ziet er goed uit,' zei hij. 'Nodig meester Manuel uit op het paleis. Ik wil hem graag persoonlijk ontmoeten.'

'Komt in orde.'

'Eh... Pepito?'

'Kan ik nog iets voor u doen, Super Pablo?'

De president pakte zijn kladblok. 'Wat rijmt er op Fernando?'

HOOFDSTUK 2

MEESTER MANUEL

Mevrouw Lopez verzamelde mannen. Ze had er al een heleboel gehad. Grote mannen, kleine mannen. Rijke mannen. Hippe mannen. Deftige mannen. Mannen met brillen. Mannen met sigaren. En zelfs kale mannen.

MEVROUW LOPEZ
♥ MANNEN MET SNORREN

Deze mannen hadden allemaal één ding gemeen: ze hadden een snor. Mevrouw Lopez viel op mannen met snorren. Borstelsnorren, walrussnorren, potloodsnorren, druipsnorren, krulsnorren, puntsnorren, hangsnorren, fietsstuursnorren, tandenborstelsnorren, hoefijzersnorren, kurkentrekkersnorren en Super Mario-snorren.

Het liefst zou ze met twaalf snorrenmannen tegelijk trouwen. Een man voor elk moment van de dag.

- Een man met een hangsnor die elke ochtend een eitje voor haar bakte.
- Een puntsnor die haar voorlas uit de krant.
- Een krulsnor die lieve koosnaampjes voor haar verzon.
- Een hoefijzersnor met spierballen, een staartje en een stoere motorfiets.
- Een borstelsnor met veel geld die alles voor haar kon kopen.
- Een Super Mario-snor voor de klusjes.

- Een tandenborstelsnor voor de boodschappen.
- Een kurkentrekkersnor die gedichten kon schrijven over bloemetjes en bijtjes.
- Een fietsstuursnor die nooit verdwaalde.
- Een potloodsnor voor de slimme opmerkingen.
- Een druipsnor voor de ingewikkelde rekensommen.
- Een walrussnor met een lage stem, waar iedereen naar luisterde.

Helaas was dat niet mogelijk. Je kon maar met één man tegelijk trouwen.

Mevrouw Lopez vond president Pablo Fernando de ideale man. Hij had een snor, hij was rijk, romantisch, stoer en ontzettend sterk. Hij schreef gedichten, kon prachtig zingen en maakte de hele dag door slimme opmerkingen.

Ze was gek op hem. Ze vond hem een schatje, een lieverd en een poedeltje. Maar dat laatste durfde ze natuurlijk niet hardop te zeggen.

President Fernando was helaas al getrouwd. Hem kon ze wel vergeten. Daarom bleef ze zoeken naar een andere ideale man. En omdat er verder geen enkele man goed genoeg was, trouwde ze telkens met een ander.

Mevrouw Lopez had één dochter: Julia. Eigenlijk heette ze Pablo Julia, want alle kinderen in Costa Banana moesten Pablo heten. Dat was een wet van president Pablo Fernando. Hij vond zijn eigen naam zo mooi dat alle kinderen hem moesten dragen. Maar die naam stond alleen in haar paspoort. Op school noemde iedereen haar gewoon Julia.

Julia had haar echte vader nooit gekend. Wel had ze inmiddels een hele serie stiefvaders gehad:

(PABLO) JULIA

♥ NIET VAN VADERS MET SNORREN

Kolonel Ortega – Kolonel Ortega was een hoge pief in het leger. Hij was eraan gewend dat iedereen zijn orders zonder morren opvolgde. Julia moest elke week zijn pruik wassen. Met de hand. Het was namelijk een duur ding, gemaakt van echte mensenharen. Zoiets kostbaars mocht natuurlijk niet in de wasmachine. Ze moest elke avond zijn walrussnor knippen en zijn neusharen bijwerken. Ze moest zijn bril poetsen en – dat was misschien nog wel het gruwelijkst – zijn glazen oog. Julia was blij dat het al na vijf maanden uit was.

Felippe Ramos – Felippe werkte voor de krant. Hij schreef elke week een stukje over kinderboeken. Vloekend en grommend zat hij aan zijn bureau. Woedend plukkend aan zijn druipsnor. Want Felippe haatte kinderboeken, vooral als ze grappig en spannend waren. Leuke boeken waren ongezond, vond hij, net als pannenkoeken en patat. Een kinderboek was pas goed als er veel moeilijke woorden in stonden of grapjes die niemand begreep, behalve hij. Julia mocht van hem alleen maar afschuwelijk saaie boeken lezen, want saaie boeken waren gezond, net als snotandijvie en spinaziesmurrie. Je moest ervan leren houden, zei Felippe. Gelukkig maakte haar moeder het al na vier maanden uit.

Amador del Torro – Amador had een eigen sportschool. Hij was een knappe, gespierde man met veel borsthaar en een grote hoefijzersnor. Elke dag was hij aan het trainen. Op zijn sportschool en thuis. Er stond een hometrainer bij de eettafel, zodat hij ook tijdens het eten kon fietsen. Voor de tv stond een loopband. En rond zijn bed stonden stellages met gewichten erop. Amador at minstens vijftien paar caviabillen per dag, want hij dacht dat je daar spierballen van kreeg. Helaas liet hij er vooral ontzettend vieze winden van. Haar moeder hield het nog geen drie maanden met hem uit.

Fresco Alonzo – Fresco was kunstschilder. Hij had dromerige blauwe ogen en een lange kurkentrekkersnor die langs zijn mondhoeken naar beneden krulde. Hij schilderde graag portretten. Vooral van mevrouw Lopez of Julia. Ze moesten dan uren stilzitten. Het was allemaal zinloos: de portretten leken voor geen meter. Hij had net zo goed de kont van een varken kunnen schilderen. Het was duidelijk dat Fresco de wereld anders zag dan de meeste mensen. Gelukkig vond haar moeder al na twee maanden een nieuwe man.

Op dit moment was mevrouw Lopez getrouwd met Manuel Moreno. Manuel was de meester van Julia. En hoewel het niet ideaal was als je moeder getrouwd was met je meester, vond Julia hem van alle stiefvaders nog het leukst.

MANUEL MORENO
ONDERWIJZER
STIEFVADER VAN JULIA

Meester Manuel was een vriendelijke man die altijd vrolijk was. Hij was attent en zorgzaam. En als je in de put zat, wist hij je er zo weer uit te praten. Hij was een goede man voor mevrouw Lopez. Hij had eigenlijk maar één nadeel: hij had geen snor.

Meester Manuel was haar eerste man zonder snor. In het begin was het erg wennen geweest. Een snor kriebelde zo fijn tegen je bovenlip tijdens het zoenen en dat miste ze meteen. Snorren maakten de man, vond mevrouw Lopez. Een snor stond stoer, knap en intelligent. Een snor maakte een man

krachtig, ondeugend, maar bovenal mannelijk.

Toch wilde ze een keer een snorloze man proberen. Mevrouw Lopez vond dat je in het leven alles een keer gedaan moest hebben. Anders wist je niet wat je miste. En misschien waren snorloze mannen wel ontzettend lief.

Ze was vrij snel bij hem ingetrokken. Een halfjaar woonden ze nu in zijn kleine appartementje op de

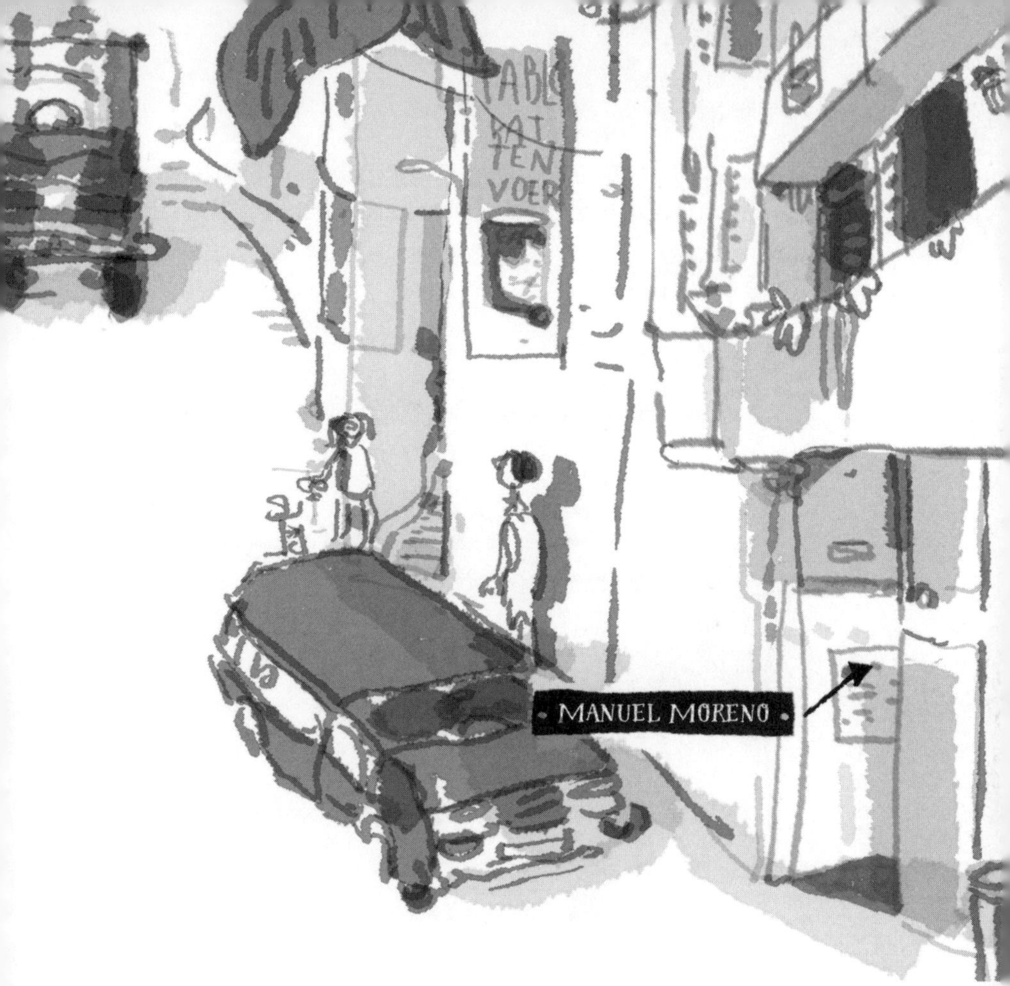

eerste verdieping van een flat, tegenover een Fernando-winkeltje.

Er waren veel van dat soort winkeltjes in Costa Banana. Je kon er van alles kopen: Fernando-pennen, -puntenslijpers en -mokken. Fernando-beeldjes, -knuffels en -klokken. Ze verkochten er zelfs Fernando-wc-papier. Alles wat je maar kon verzinnen met het hoofd van de president erop.

Maar er waren ook echt persoonlijke dingen te koop. Kostbare voorwerpen, keurig uitgestald in een glazen vitrine:

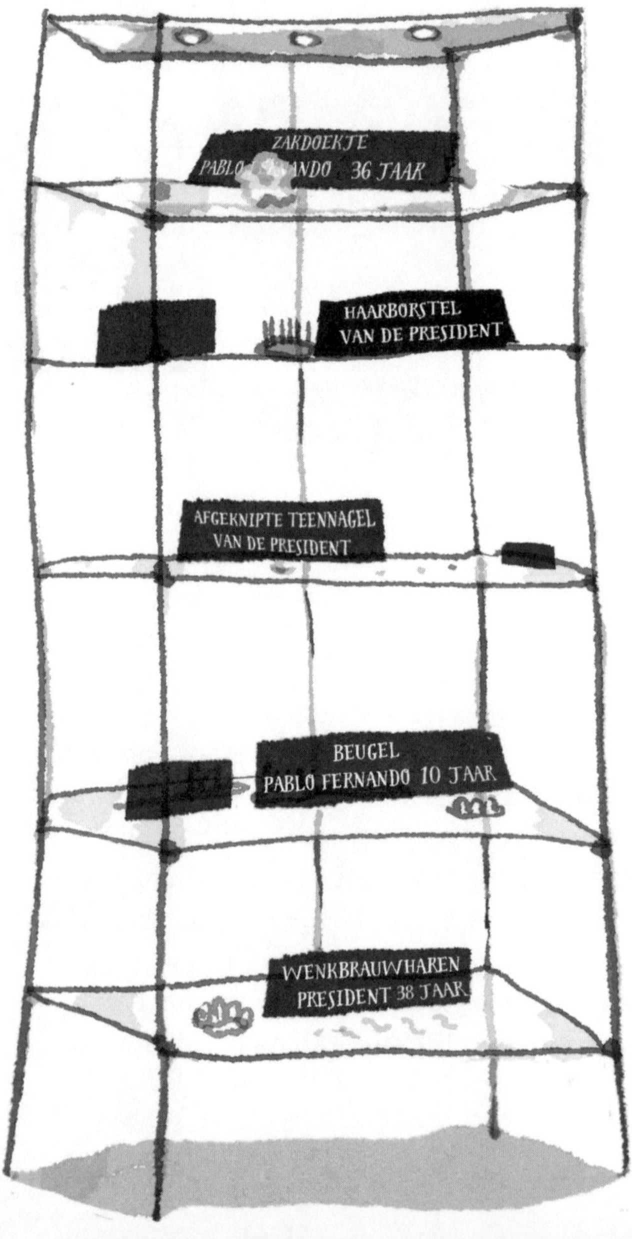

- Een afgeknipte teennagel van de president.
- De beugel die Pablo Fernando als kleine jongen had moeten dragen.
- Een splinter die hij in zijn vinger had gehad.
- De korstjes van zijn knieën.
- Neuspulksels in alle tinten groen.
- Snorharen.
- Wenkbrauwharen.
- Teenharen.
- En een hele verzameling gebruikte pleisters en zakdoekjes.

Fico, de zoon van de president, was op het idee gekomen om ook Fernando-scheten in glazen flesjes te gaan verkopen, maar daar was zijn moeder het natuurlijk niet mee eens geweest.

Mevrouw Lopez was gek op dit soort winkeltjes. Met een Fernando-poppetje kon je haar echt blij maken. Ze bezat een grote collectie beeldjes, die ze vol trots in de boekenkast had uitgestald.

Meester Manuel vond het niet erg dat zijn vrouw gek was op de president. De meeste mannen zouden jaloers zijn. Ze zouden mopperen. Maar meester Manuel niet. Hij vond het wel grappig en deed vrolijk met zijn vrouw mee.

Zo kwam het dat ze samen onder een Fernando-dekbed sliepen. Ze droegen allebei dezelfde Fernando-slippers en -badjassen. Ze lazen elkaar voor uit zijn dagboeken. En het hele huis stond vol Fernando-beeldjes. Bijna iedere week kocht hij er wel eentje bij het Fernando-winkeltje tegenover hun huis. Super Pablo in telkens een andere heldenrol:

- Pablo Fernando die in zijn blote bast op een tijger reed.
- Pablo Fernando die met zijn handen een wurgslang wurgde.
- Pablo Fernando in een Zorro-pak.
- Pablo Fernando die een kogel tussen zijn tanden opving.
- Pablo Fernando die aan een touwladder onder een vliegende helikopter hing.

Julia was de enige die wist dat meester Manuel de president eigenlijk maar een raar mannetje vond. Maar daar praatten ze nooit over. Het was hun geheim.

En dat was maar goed ook. Niemand zei ooit iets naars over de president. Niemand maakte een grapje of zong een gek liedje over hem. Want er waren overal spionnen van de Super Geheime Dienst, die bijna iedereen in de gaten hielden.

Je kon dus maar beter aardige dingen over de president zeggen, ook al meende je er niets van. En aan zijn wetten, hoe gek die ook waren, moest je je wel houden. Wie dat niet deed, ging per direct naar een onbewoond eiland.

HOOFDSTUK 3

BEZOEK

Het was zaterdagmiddag. Meester Manuel zat naast Julia op de bank in de woonkamer van zijn appartement. Hij las een krant en Julia schaakte op de tablet van de meester.

'Manuel, liefje,' riep mevrouw Lopez. Ze stond in de deuropening. 'Er is hier een meneer van de Super Geheime Dienst voor jou.'

Meester Manuel keek op van zijn krant.

'Hij wil je spreken,' ging mevrouw Lopez verder. 'Het is dringend, zegt hij.'

'Laat hem maar binnen,' antwoordde de meester.

Mevrouw Lopez keek hem met grote, angstige ogen aan. 'Je hebt toch niet iets uitgespookt?' fluisterde ze.

'Welnee, schatje. Laat hem nou maar binnen.'

Een moment later kwam er een kleine man met een grote borstelsnor binnen. Hij droeg een lange jas en keek streng door een enorme bril. 'U bent Manuel Moreno?'

De meester knikte. 'Gaan jullie maar even naar de keuken,' zei hij. Hij gaf Julia een knipoog.

De man stak zijn hand uit. 'Baltasar Mendoza,' zei hij zonder te glimlachen.

'Wilt u een kopje koffie?' vroeg de meester.

Baltasar schudde zijn hoofd. Hij ging op de plek van Julia zitten en haalde een map uit zijn tas. 'Ik kom meteen ter zake,' zei hij. Hij bladerde in zijn map. 'U bent meester van groep 6a van de Pablo Fernando-school. Klopt dat?'

Meester Manuel knikte.

'Alle kinderen in uw klas halen hoge cijfers.'

'Ach ja. Het zijn slimme kinderen.'

Baltasar bladerde verder. 'Wat vindt u van onze Grote Gevatte Leermeester?'

'Eh...' zei meester Manuel. 'Welke meester?'

'Ik heb het over de president,' zei Baltasar.

'O, n-natuurlijk,' hakkelde de meester. 'Ik ben een groot fan van zijn werk.'

Baltasar pakte een pen en begon te schrijven. 'Gaat u verder.'

'Zijn boeken zijn geweldig en, eh... inspirerend. Zijn gedichten zijn van een – hoe zal ik het zeggen? – buitenaards niveau. Zijn muziek is onverstaanbaar, eh... ik bedoel onweerstaanbaar en... eh... zijn...'

'Ja, ja, ja,' antwoordde Baltasar verveeld. 'Wat vindt u van hem als president?'

'Hij is een geniale, begaafde, maar ook verstandige man. Een man met inzicht en gezag. Een wereldleider.'

Baltasar knikte. 'En verder?'

'Hij is ook nog eens extreem intelligent.'

'Ga door.'

'Een bedachtzame, wijze man is het,' zei meester Manuel. 'Een onovertroffen leider.'

Baltasar schreef alles driftig op in zijn kladblok. Toen hij klaar was, keek hij om zich heen. 'Zijn die van u?' Hij wees naar de beeldjes van de president. De woonkamer stond er vol mee. Fernando in een Tarzan-gewaad. Fernando als Romeinse keizer. Fernando die zijn schoenen liet poetsen door een marsmannetje.

'Die zijn van mij en mijn vrouw,' zei meester Manuel. 'We zijn gek op de president. We lezen elkaar elke avond voor uit zijn –'

'Ik weet het,' zei Baltasar. 'U leest elkaar voor uit zijn dagboeken. Vooral deel VII vindt u geweldig. Heel goed.' Hij borg zijn pen op en sloot de map. 'Wij hebben een nieuwe privéleraar nodig,' zei hij. 'De vorige is vertrokken.'

'U hebt het over meester Gabriel?'

Baltasar knikte. Hij keek de meester indringend aan. 'Ik bied u namens Super Pablo een baan aan. U wordt de nieuwe meester van Rosa en Fico.'

Er viel een stilte. Alleen het tikken van de grote Fernando-klok was hoorbaar.

'Wat hebt u daarop te zeggen?' vroeg Baltasar.

Meester Manuel keek hem verbaasd aan. 'Het is een... eh... heel, grote, ongelooflijke eer.'

Baltasar stond op. 'Goed, dat is dan geregeld. De president verwacht u vanavond om negen uur op het paleis. Hij geeft een feestje en wil graag kennis met u maken. Uw vrouw en dochter zijn uiteraard ook van harte welkom.'

Nu pas viel het meester Manuel op hoe klein Baltasar eigenlijk was. Het is zijn jas, dacht hij. Door die lange jas lijkt hij extra klein.

Baltasar gaf hem een hand. 'Ik wens u veel succes,' zei hij. Hij draaide zich om en verliet de kamer.

'Wat geweldig, schatje,' riep mevrouw Lopez toen Baltasar weg was. 'Ik ga meteen appeltaart halen. Dit moeten we vieren.'

'Ach ja,' zei meester Manuel.

'Jammer,' zei Julia.

Mevrouw Lopez keek haar man en dochter ongelovig aan. 'Zijn jullie niet blij?'

'Natuurlijk ben ik blij,' antwoordde meester

Manuel. 'Maar ik zal mijn klas ook missen. Het is zo'n leuke groep. En ik ben zo trots op ze.'

'Ja, natuurlijk,' zei mevrouw Lopez. 'Maar dit is toch prachtig!'

'Dat is het zeker,' antwoordde hij vlug. 'Het is een hele eer.'

Mevrouw Lopez haalde taart en even later zaten ze met z'n drieën rond de salontafel te eten.

'Als je goed je best doet, word je misschien nog wel minister,' zei mevrouw Lopez. 'Minister van Onderwijs of zo. Stel je voor, dan ben ik de vrouw van een echte minister.' Ze zweeg even en toen zei ze: 'Misschien moet je vast een snor nemen. Dat staat krachtig. Een snor staat voor heldenmoed. Een snor geeft gezag. Dwingt respect af.'

Op dat moment ging het deurtje van de Fernando-klok open. Er verscheen een piepklein presidentje, dat riep:

Pablo - Pablo - Pablo

'O jeetje,' riep mevrouw Lopez uit. 'Het is alweer drie uur. Onze Grote Geleerde Wereldleider geeft zo een toespraak.'

Ze zette meteen de televisie aan. Als de president op tv kwam, moesten alle mensen kijken. Dan liet iedereen alles uit zijn handen vallen om naar het Grote Genie te luisteren.

De president was nog niet begonnen, de reclame was bezig. Op het beeld verscheen een enorm verrassingsei. Er klonken trompetten. Pauken sloegen.

Trommels roffelden. En toen barstte het chocolade-ei open en kwam er een reusachtige draak tevoorschijn. De draak vloog de lucht in met de president op zijn rug. Er klonk een stem: 'Nieuw! Nu in de winkel! Fernando-verrassingseieren. Met unieke speeltjes! Spaar ze allemaal!'

'O, wat enig,' riep mevrouw Lopez. 'Wat een briljant idee. Poppetjes van de president in een verrassingsei! Die gaan we allemaal verzamelen!'

Er verscheen een nieuwe reclame. Het ging over een computerspel dat de president zelf had bedacht. Het heette *Super Pablo*. Het was volgens de president 'revolutionair'. Pablo was zo gek op het spel dat hij voortaan alleen nog maar Super Pablo genoemd wilde worden.

Daarna was er een reclame voor Fernandoland, een groot pretpark dat de president even buiten de hoofdstad had laten bouwen. Er waren een heleboel geweldige attracties, zoals de Fico-achtbaan, het Pablo-reuzenrad, de Florabella-botsautootjes en het Rosa-treintje.

Na de reclame verscheen de president in beeld. Hij keek recht in de camera. 'Inwoners van Costa Banana,' begon hij plechtig.

Mevrouw Lopez ging er eens goed voor zitten. 'Kun je je voorstellen dat we hem vanavond eindelijk gaan ontmoeten?' riep ze enthousiast.

De president sprak over een heleboel zaken. Hij had nu een nog grotere bananensoort gekweekt. Hij had tijdens een boottocht een enorme zwaardvis gevangen. Hij had een idee voor een nieuw gezelschapsspel. En hij had nog een nieuwe wet bedacht. Vanaf vandaag waren rozijnen verboden.

'Rozijnen zijn smerig,' riep de president. Hij hield er een omhoog. De camera zoomde in op zijn vingers. 'Rozijnen zijn net bromvliegen waar iemand de pootjes en vleugels vanaf heeft getrokken. Dat vieze, gerimpelde lijfje van zo'n rozijn. Heb je er wel eens bij stilgestaan? Een rozijn is een dode druif. Het zijn eigenlijk druivenlijkjes. Druivenzombies. En ze zitten overal in,' riep de president opgewonden. 'Rozijnen zijn erop uit om al het lekkere eten te bederven. Oliebollen, appeltaarten, krentenbollen, muesli, studentenhaver, appelflappen, pannenkoeken. En daarom moeten ze weg. Allemaal. Eindelijk zal er een einde komen aan alle ellende die rozijnen veroorzaken.'

Mevrouw Lopez staarde met grote ogen naar het scherm en daarna naar Julia en meester Manuel. 'Niet eten!' gilde ze toen ze zag dat de meester een hap van zijn taart nam. 'Er zitten rozijnen in die taart. Rozijnen zijn verboden!'

'Ik mag toch wel even mijn taart opeten?' riep meester Manuel verontwaardigd.

'Nee, dat mag je niet,' antwoordde mevrouw Lopez, 'dat hoor je toch? Je bent nota bene de nieuwe privéleraar op het paleis. De toekomstige minister van Onderwijs. Je moet het goede voorbeeld geven.'

Meester Manuel slikte zijn hap door en knikte. 'Je hebt gelijk,' zei hij. 'Julia, laat die taart maar staan. We kopen zo wel iets anders. Vanaf nu geen rozijnen meer,' zei hij met een knipoog.

HOOFDSTUK 4

HET FEESTJE

Die avond was het feest op het paleis. De president had een heleboel superbelangrijke mensen uitgenodigd. Dat deed hij wel vaker. Er speelde een band in de spiegelzaal en bedienden gingen rond met hapjes en drankjes.

Julia keek haar ogen uit. Het gewelfde plafond van de enorme balzaal was prachtig beschilderd en versierd met goud. Er was een lucht te zien waarin draken vlogen met leden van de presidentiële familie op hun rug. Er hingen een heleboel grote kristallen kroonluchters. Door de vele spiegels aan de wand leek de ruimte nog groter dan hij al was.

Het was er druk. Overal stonden groepjes mensen te praten. Er waren voetballers, rappers, acteurs en schrijvers. Er waren ministers en rijke zakenmannen. Julia herkende een wielrenner, een bergbeklimmer en een wereldberoemde schaker.

Op de sofa zat Fico, de zoon van de president. Hij zat voor een groot tv-scherm en speelde *Super Pablo*: het nieuwste computerspel van Pablo Fernando. Fico's vingers gingen razendsnel over de knoppen van zijn controller. Op het scherm sprong een presidentje op en neer. Het schoot met vuurballen op grote groene schildpadden. Julia herkende het spel van de reclame. De schildpadden waren soldaten van president Max Romero, de president van Costa Kanaria. Hij was de grote rivaal van Pablo Fernando. In het spel had hij Rosa ontvoerd. De speler moest haar met hulp van de president zien te bevrijden.

'Daar staat hij!' riep mevrouw Lopez. Ze wees naar de president. 'Onze Super Pablo. Wat een held. Moet je zien. Hij lijkt in het echt veel groter dan op tv.'

'Ma-ham,' zei Julia. Haar moeder stelde zich weer eens vreselijk aan. De president was een piepklein mannetje. Een kleiner mannetje had ze nog nooit gezien.

'Al die beroemdheden,' riep haar moeder. 'En wij horen daar nu bij. Wij zijn nu zelf ook beroemd.'

Ze zag eruit als een iets te dikke barbiepop. Haar wangen waren knalroze. Haar lippen waren roder dan die van een clown. En de mascara zat zo dik op haar wimpers dat het net spinnenpoten waren.

'Misschien mogen we wel op het paleis wonen,' riep ze verrukt. 'Ik heb gehoord dat meester Gabriel ook op het paleis woonde. Dat zou toch enig zijn? Elke week van die leuke feestjes. En dan word ik de beste vriendin van Florabella.' Ze gaf haar man een por. 'Lijkt je dat niet heerlijk? Al die pracht en praal.'

'Dat lijkt me niet zo nodig,' zei meester Manuel knorrig. 'Ik heb het prima naar mijn zin in mijn eigen huis. Ik kan best elke dag heen en weer rijden.'

'Ach, doe niet zo raar,' zei mevrouw Lopez. 'Zullen we naar de president gaan? We moeten ons nog even voorstellen.'

'Wacht nou maar even,' zei meester Manuel. Hij keek ongemakkelijk om zich heen. 'We worden zo wel voorgesteld, denk ik.'

Op dat moment kwam er een man in uniform op hen af. Hij had een keurig, kaarsrecht potloodsnorretje boven zijn lip en zijn zwarte haar was met veel gel in een strakke scheiding gekamd. 'Adjudant Diego,' zei hij, terwijl hij meester Manuel een hand gaf. 'Ik ben de persoonlijke assistent van de president. U bent meester Manuel?'

'Ja, dat klopt. En dit is, eh... mijn vrouw. En dat is haar dochter Julia.'

'Ik zal u voorstellen aan de president en zijn vrouw. Wilt u mij volgen?' Diego liep voor hen uit naar de president.

Julia liep achter haar moeder aan. Net toen ze zich begon af te vragen of ze de beroemde schaker om een handtekening zou vragen, kwam er een meisje op haar af. Ze was ongeveer even oud als zijzelf. Het was Rosa, de dochter van de president.

'Hallo, ik ben Rosa,' zei het meisje.

'Julia,' zei Julia. 'Eh... ik bedoel Pablo Julia.' Ze bloosde.

Rosa grinnikte. 'Hallo Julia. Zijn dat je ouders?'

'Dat is mijn moeder,' zei Julia. 'En dat is meester Manuel.'

'Wordt hij onze nieuwe meester?'

'Ik geloof het wel,' antwoordde Julia.

Het was even stil. Julia wist niet goed wat ze moest zeggen tegen de dochter van de president. Ze probeerde snel iets te verzinnen. 'Kunt u me voorstellen aan die meneer?' vroeg ze vlug. Ze wees op de beroemde schaker. 'Ik wil graag zijn handtekening.'

'Zeg maar je, hoor,' zei Rosa. 'Hou je van schaken?'

Julia knikte.

'Ben je goed?'

'Ik speel meestal op de tablet van meester Manuel,' zei Julia. 'Ik ben al bij level 12.'

'Kom,' zei Rosa. Ze trok Julia met zich mee. 'We gaan zijn handtekening vragen. En daarna spelen we een potje in de bibliotheek.'

‘Heeft jouw vader echt het schaakspel uitgevonden?’ vroeg Julia toen ze in de bibliotheek zaten.

Rosa grinnikte. ‘Hij kan zelf niet eens schaken.’ Ze zette vlug alle stukken op hun plaats. Ze hadden allemaal het gezicht van de president. Zelfs de koningin, de torens en de paarden.

‘Mijn vader vindt zichzelf nogal belangrijk,’ zei Rosa. ‘Hij verzint de meest idiote heldendaden. Hij zegt bijvoorbeeld dat hij heeft gevochten met een zeemonster, terwijl hij in werkelijkheid al bang is voor een fruitvliegje.’

‘Misschien is hij onzeker?’ vroeg Julia.

‘Dat kun je wel zeggen,’ zei Rosa, ‘maar zeg dat maar niet tegen hem.’

Julia keek Rosa verschrikt aan. ‘Denk je dat hij het gehoord heeft?’

Rosa begon te lachen. ‘Nee, joh. Natuurlijk niet. Mijn vader doet net alsof hij alles van iedereen weet,’ zei ze. ‘Maar dat is helemaal niet zo. Hij kan nooit alle mensen tegelijk in de gaten houden. Er zijn heel veel dingen die hij niet weet. Mij houdt hij sowieso niet in de gaten.’

‘Maar hij luistert wel mensen af, toch?’ vroeg Julia.

‘Helaas wel,’ zei Rosa, ‘daar heeft hij de Super Geheime Dienst voor.’ Ze zette de laatste pion op zijn plaats. ‘Hij is bang dat de mensen hem stom vinden. Maar wat maakt dat nou uit? Iedereen mag toch denken wat-ie wil? Als ik president was, zou ik nooit zomaar iemand afluisteren. Dat vind ik echt niet kunnen.’

Julia knikte. Ze had niet verwacht dat de dochter van de president zoiets zou zeggen. 'Jij mag met wit,' zei ze. 'Jij mag beginnen.'

Rosa zette een pion vooruit. 'Is meester Manuel aardig?' vroeg ze.

'Hij is superaardig. Hij is de liefste vader die ik ooit heb gehad. En hij is ook een heel leuke meester.'

Rosa lachte. 'Dat komt goed uit.'

Julia verzette haar paard. Daarna wachtte ze op de tegenzet. Er gingen een paar minuten voorbij. Rosa staarde naar de schaakstukken, maar het leek of ze met haar hoofd ergens anders was.

'Is er iets?' vroeg Julia.

Rosa schudde haar hoofd, maar in haar ogen stonden tranen.

Julia vroeg zich af wat ze nu het beste kon zeggen. De stilte voelde ineens ongemakkelijk.

Rosa veegde snel de tranen uit haar ogen en verzette een pion. 'Het is gewoon vreemd,' zei ze. 'Meester Gabriel was jarenlang onze meester. Hij was heel aardig en ik kon altijd bij hem terecht. Nu is hij ineens weg en hij komt niet meer terug.'

Julia verzette haar pion. 'Vond hij het niet leuk hier?'

'Jawel,' zei Rosa. 'Maar hij heeft een vrouw ontmoet. Dat schreef hij in een brief. Hij wil met haar samenwonen in Costa Kanaria.' Ze staarde uit het raam. 'Hij had op zijn minst even afscheid kunnen nemen,' zei ze. 'We kennen elkaar al zo lang.'

'Misschien durfde hij dat niet,' opperde Julia.

'Misschien was hij bang voor de president.'

Rosa keek Julia met grote ogen aan.

Julia sloeg haar hand voor haar mond. 'Sorry,' zei ze. 'Dat had ik niet moeten zeggen. Wat stom van me. Je vader is natuurlijk hartstikke aardig.'

Maar Rosa begon meteen te lachen. 'Nee, joh!' riep ze, terwijl ze nogmaals de tranen uit haar ogen veegde. 'Ik ben juist blij dat je het zegt. Iedereen loopt altijd zo te slijmen hier. Als mijn vader per ongeluk een scheet laat, krijgt hij nog applaus. Dat is echt niet normaal. Jij bent tenminste eerlijk.'

Julia bloosde.

Rosa verzette haar paard. 'Misschien heb je gelijk,' zei ze. 'Misschien durfde hij het niet zelf te zeggen, maar waarom heeft hij dan niet even gebeld?'

'Heb jij hem al gebeld?' vroeg Julia.

'Ik denk wel honderd keer, maar hij neemt niet op. En dat is niets voor hem.'

'Denk je dat er iets met hem is gebeurd?'

'Misschien. Ik weet het niet.'

Julia had wel eens gehoord van mensen die zomaar verdwenen. Je kon verdwalen in het oerwoud. In een ravijn vallen of opgegeten worden door een krokodil of een reusachtige anaconda. 'Misschien is hij ontvoerd,' zei ze.

Rosa staarde naar het schaakbord. 'Dan hadden we wel een losgeldbrief gekregen. Dit was een brief van meester Gabriel zelf.'

'Weet je zeker dat hij hem zelf heeft geschreven?' vroeg Julia.

Rosa staarde Julia een moment aan. 'Nee,' antwoordde ze toen. 'Wat dom van me. Ik heb hem zelf niet eens gezien.'

'Misschien staat er nog iets in waar je wat aan hebt,' zei Julia. 'Een aanwijzing of zo?'

Rosa sprong op. 'Kom,' zei ze. 'We gaan meteen kijken.'

HOOFDSTUK 5

GEHEIME BOODSCHAP

'Mag dat wel?' vroeg Julia toen ze de werkkamer van de president binnenkwamen. Ze keek angstig om zich heen.

'Het is maar een brief,' antwoordde Rosa. 'En hij is niet eens geheim.' Ze liep naar haar vaders bureau en doorzocht het brievenbakje. Het duurde niet lang voor ze hem had gevonden.

Vlug vouwde ze hem open op het bureau en las hem aandachtig.

Hooggeachte Meneer de President van Costa Banana,

Enige tijd geleden ontmoette ik een bijzondere vrouw. Wij werden verliefd en besloten te gaan samenwonen in het land van haar familie, Costa Kanaria.

Liefst had ik u dit persoonlijk verteld, maar omstandigheden dwingen mij ertoe deze brief te schrijven. Hoewel ik een geweldige tijd heb gehad op het paleis, wil ik bij dezen mijn ontslag indienen. Ik zal u en uw geweldige familie ongelooflijk gaan missen.

President, het ga u goed!

Gabriel

Op het eerste gezicht was er niets bijzonders aan te zien. Rosa hield de brief tegen het licht. 'Misschien heeft hij onzichtbare inkt gebruikt,' zei ze.

'Als hij dat toevallig bij zich had,' antwoordde Julia.

'Hoeft niet,' zei Rosa, terwijl ze een bureaula

opende. Ze zocht even tussen de spullen en haalde toen een aansteker tevoorschijn. 'Je kunt ook citroensap gebruiken, of appelsap. Sinaasappelsap werkt ook, net als azijn, witte wijn of melk. Meester Gabriel zegt dat gevangenen soms hun eigen zweet gebruiken als inkt.'

'Gatver!' riep Julia.

'Of pis,' zei Rosa. 'Je kunt hele brieven schrijven met een beetje plas.'

'Geheime liefdesbrieven,' zei Julia.

Ze moesten hard lachen.

'Wil je me even helpen?' vroeg Rosa. Ze streek met haar duim langs het wieltje van de aansteker. Er schoot meteen een heldere vlam omhoog. 'We moeten de brief verwarmen boven de vlam. Warmte maakt onzichtbare inkt zichtbaar.'

Julia hield de brief boven het vlammetje van de aansteker.

'Pas op dat hij niet in de fik vliegt,' zei Rosa.

Julia knikte, terwijl ze de brief voorzichtig verwarmde. 'Volgens mij staat er niets,' zei ze na vijf minuten. Ze legde de brief terug op het bureau.

Rosa bestudeerde het papier, dat een beetje gelig was geworden. Er was inderdaad niets te zien. 'Misschien staat er een aanwijzing in de tekst,' zei ze.

Ze las de brief nog eens door. 'Dit is helemaal niets voor meester Gabriel,' zei ze. 'Hij zou nooit zo schrijven. "Enige tijd geleden..." "President, het ga u goed!". Hij schreef nooit zo deftig. Ook niet in een brief aan mijn vader.'

'Denk je dat iemand anders het heeft geschreven?' vroeg Julia.

Rosa schudde haar hoofd. 'Het is wel zijn handschrift,' zei ze. Ze staarde naar de letters. De aanhef begon met een H, de eerste alinea met een E. Ineens zag ze het. 'Er staat HELP!' riep ze uit. 'Als je de eerste letters neemt van elke alinea...'

Ze pakte een stift en omcirkelde vlug de letters. 'Daarom is het zo'n gekke brief!'

Hooggeachte Meneer de President van Costa Banana,

Enige tijd geleden ontmoette ik een bijzondere vrouw. Wij werden verliefd en besloten te gaan samenwonen in het land van haar familie, Costa Kanaria.

Liefst had ik u dit persoonlijk verteld, maar omstandigheden dwingen mij ertoe deze brief te schrijven. Hoewel ik een geweldige tijd heb gehad op het paleis, wil ik bij dezen mijn ontslag indienen. Ik zal u en uw geweldige familie ongelooflijk gaan missen.

President, het ga u goed!

Gabriel

Rosa en Julia keken elkaar aan.

'Wat slim,' zei Julia. 'Iemand heeft hem dus gedwongen deze brief te schrijven. Maar hij heeft er stiekem iets aan toegevoegd.'

'Ik wíst dat er iets was,' fluisterde Rosa.

'We moeten het aan je vader vertellen,' zei Julia.

Rosa stak de brief in haar kontzak. 'Wedden dat hij me niet gelooft? Hij gelooft me nooit.'

'Waarom niet?'

'Omdat ik een meisje ben.'

'Wat stom!'

'Superstom. Maar ik ga het hem morgen toch laten zien,' zei Rosa. 'Er zijn te veel mensen nu. Nu luistert hij sowieso niet.'

Ze gingen terug naar de bibliotheek en maakten het potje af. Rosa verloor. Ze kon zich maar moeilijk concentreren op het spel. Er was iets met meester Gabriel gebeurd. Maar wat?

Toen ze klaar waren, nam Rosa haar nieuwe vriendin mee naar haar kamer. Julia keek haar ogen uit. Het was een enorme zaal met een hoog plafond. Bijna alles was van goud. Er hing een kroonluchter van kristal. Op de grond lag een dik tapijt en overal hingen schilderijen van de president en zijn familie.

'Ik zou eigenlijk wel wat leuke posters willen ophangen,' zei Rosa. 'Maar dat mag natuurlijk niet.' En toen zei ze met een bekakt stemmetje: 'Dat is niet chic.'

'Het is wel lekker ruim,' zei Julia.

'Tja, je kunt hier vijftien olifanten, drie nijlpaarden, vijf koeien en twintig apen tegelijk laten dansen, maar dat mag ook al niet...'

Ze begonnen allebei te lachen.

Rosa gaf Julia een rondleiding door het paleis.

Het was al bijna halftwaalf toen adjudant Diego hen in de bowlingzaal kwam halen.

'Je ouders gaan zo naar huis,' zei hij tegen Julia.

Ze volgden de adjudant naar de spiegelzaal. Het feest was nog in volle gang. Iedereen was vrolijk. De president liep voorop in een lange polonaise. Achter hem hoste een generaal, daarachter de beroemde schaker, die gevolgd werd door een bekende filosoof.

Meester Manuel kwam op Rosa en Julia af. 'Hebben jullie een leuke avond gehad?' vroeg hij. 'Ik heb jullie niet meer gezien.'

'We hebben geschaakt,' zei Julia.

Mevrouw Lopez kwam naast haar man staan. Uitgeput leunde ze tegen hem aan. 'Wat een enig feestje is dit toch,' riep ze. Ze was bezweet, had een rood hoofd en haar haar stond alle kanten uit. 'Uw vader is echt geweldig,' zei ze met een schorre stem tegen Rosa. 'U boft maar. Die man is gewoon briljant. En hij heeft zo'n lekker snorretje.'

Op dat moment begon de president te zingen.

'O...' kreunde mevrouw Lopez. 'Wat een stem...' Ze sloot haar ogen en wiegde heen en weer op de maat van de muziek.

'Kan je vader echt zo goed zingen?' vroeg Julia.

Rosa boog zich naar haar toe. 'Hij playbackt gewoon,' fluisterde ze in Julia's oor. 'Mijn vader heeft nog nooit iets zelf gezongen. Dat doen anderen voor hem.'

Toen de president klaar was met playbacken, nam adjudant Diego het woord. 'Dames en heren, bedankt voor uw komst. Ik wens u allen een goede nacht.'

Het feest was afgelopen. Rosa en Julia wisselden telefoonnummers uit. Mevrouw Lopez bleef maar herhalen hoe geweldig ze het had gehad.

'Tot snel,' zei Rosa tegen Julia. Daarna rende ze naar haar kamer. Morgen bij het ontbijt zou ze met haar vader praten. Ze zou hem de brief laten zien. Zou hij haar geloven? Dat moest toch wel? De boodschap was overduidelijk. Alhoewel... met haar vader wist ze het nooit.

Voor de zekerheid voelde ze nog even in haar kontzak.

Met een schok bleef ze staan. Hij was leeg!

Ze had hem toch in haar linkerkontzak gestopt? Geschrokken voelde ze in de rechterzak. Ook niets!

Haar hart begon sneller te slaan.

Waar was de brief gebleven? Was ze hem verloren? Ze kon het zich bijna niet voorstellen. Een brief viel niet zomaar uit je zak.

Vlug haastte ze zich naar haar vaders kantoor. Daar had ze de brief in haar zak gestopt. Speurend keek ze om zich heen. Er was niets te zien. Daarna volgde ze de route die ze met Julia door het paleis had afgelegd. Geen spoor van de brief.

Had iemand hem gestolen? Maar wie? Dat moest dan iemand zijn die hen al de hele avond in de gaten had gehouden. Iemand die had gezien dat ze de brief vonden.

Er ging een rilling door haar heen. Het idee dat ze bespioneerd was in haar eigen huis.

Voor de zekerheid voelde ze nog een keer in al haar zakken. Niets.

Wilde gedachten schoten door haar hoofd.

Ze pakte haar telefoon, typte snel een berichtje en stuurde het naar Julia:

Ik ben de brief kwijt!!!

Ik heb overal gezocht,
maar niets gevonden

Volgens mij is hij gestolen!

Er kwam meteen antwoord:

Wat raar! Dat kan toch niet?
Niemand wist ervan!

We moeten dit uitzoeken

Kom je morgen?

Is goed!

HOOFDSTUK 6

RAP

Toen Rosa de volgende ochtend de eetzaal binnenkwam, zat de rest van de familie al aan tafel. De president at zwijgend van zijn cornflakes. Naast zijn kom lag een kladblok. Af en toe pakte hij zijn pen en noteerde een paar woorden.

'Pablo!' zei zijn vrouw Florabella. 'Leg dat kladblok eens weg. Dit is zo ongezellig.'

'Ik schrijf een nieuw volkslied, muizenkontje,' antwoordde de president. 'Het wordt een rap. Ik ben al bijna klaar.' Hij schreef nog een regel en nam een hap van zijn cornflakes. 'Dit is natuurlijk supergeheim,' zei hij met volle mond. 'Ik wil per se de eerste president zijn die een rap als volkslied heeft.'

'Heel goed,' zei Florabella, 'maar kunnen we nu eerst even rustig samen eten?'

'Ik ben al klaar,' zei de president. Hij noteerde nog een paar woorden en zei toen: 'Moet je horen. Dit is zo cool. Het rijmt als een bus. Let op, jongens, hier komt-ie.'

De president begon. Het klonk niet echt als rappen, meer als een kind dat net heeft leren lezen.

Yo, ik ben Fernando.
Alles wat ik wil gebeurt op mijn commando.
Ik ben zo sterk als een os.
Wie mij dist is de klos.
Ik ben familie van een draak.
Ik heb een heel goede smaak.
Ik ben de baas van de maan.
Kweekte de grootste banaan.
Ik ben sterk en ik ben dapper.
Ik ben een supercoole rapper.
Ik ben een held, o, wat ben ik geniaal.
Ik ben de slimste van allemaal.
Ik ben de president.
En ik ben ook nog eens een heel leuke vent.

De president keek zijn vrouw en kinderen verwachtingsvol aan. 'Nou? Wat denken jullie ervan? Dit is toch briljant? Hadden jullie gedacht dat ik dit in mij had? Misschien krijg ik ooit nog wel de Nobelprijs voor de Literatuur.'

'Ik vind het helemaal niks,' zei Fico.

De president keek zijn zoon geschrokken aan. Het was even heel stil in de eetzaal. Niemand durfde wat te zeggen. Maar toen vroeg de president rustig: 'Waarom niet, zoon?'

'Het is een slechte rap,' zei Fico. 'Je kunt beter een echte rapper vragen voor je volkslied.'

'Maar een volkslied is niet niks, zoon! Dat is iets groots. Dat moet door een groot man worden geschreven.'

'Dan zet je toch gewoon je eigen naam eronder,' antwoordde Fico. 'Dat doen alle grote muzikanten.'

'Echt waar?' vroeg de president.

'Tuurlijk. En terwijl die rapper schrijft, kun jij lekker *Super Pablo* spelen.'

'Wat een slimmerd ben je toch ook!' riep de president. 'Werkelijk briljant. Wat zou ik toch moeten zonder jou?'

'Graag gedaan, pap.'

'Wie zal ik vragen?' vroeg de president.

'Bling Bling,' zei Fico zonder nadenken. 'Dat is de allerbeste rapper van Costa Banana en misschien wel van de wereld.'

'Bling Bling?' vroeg de president. 'Heet hij zo?'

'Niet echt,' zei Fico. 'Dat is een artiestennaam.'

De president lachte. 'O, ik dacht al.' Hij klapte in

zijn handen. Zijn assistent Diego liep meteen naar hem toe. 'Nodig die Bling Bling uit op het paleis. Ik wil hem zo snel mogelijk spreken.'

Diego knikte en ging er vlug vandoor.

'Misschien moet ik ook een artiestennaam nemen,' zei de president. Hij nam een hap van zijn cornflakes.

'Ik wou het eigenlijk nog even over gister hebben,' zei Florabella.

'Het was leuk, hè, poedelpoepie,' riep de president vrolijk. 'Echt een geweldig feest.'

'Ik wou het nog even hebben over die troela van gister,' ging zijn vrouw verder. 'Hoe heet dat mens...'

De president keek zijn vrouw verwonderd aan.

'Kom, hoe heet ze? De vrouw van die nieuwe meester van je.'

'O, die,' was het antwoord. 'Wat is daarmee?' De president veegde zijn mond af aan het tafelkleed. Dat was een van de grote voordelen van het presidentschap. Dat je overal je mond aan kon afvegen zonder dat iemand er wat van zei.

'Ze zat de hele avond met je te flirten.'

'Echt waar?' vroeg de president verbaasd. 'Volgens

mij vond ze me gewoon een genie.'

'Het was gênant,' zei Florabella. 'Ze zat de hele tijd aan je medailles.'

De president keek naar de medailles op zijn pak. 'Vrouwen zijn gek op mannen met medailles,' zei hij tevreden. 'Ik denk dat ik er binnenkort nog een paar laat bijmaken.'

'Volgens mij is ze verliefd op je,' riep Florabella. 'Dat kan niet anders.'

'Toe nou, smurfenpoepie. Het was niets. Jij bent mijn allerliefste troetelkeuteltje, dat weet je toch wel?'

'Nou, ik heb het idee dat je haar ook wel leuk vond.'

'Ben je mal. Je ziet spoken.'

'Een spook was het. Inderdaad! Wat een vreselijk mens.'

De president zuchtte. 'Hebben jullie een leuke avond gehad?' vroeg hij aan zijn kinderen, in een poging het gesprek een andere kant op te sturen.

'Mwah.' Fico haalde zijn schouders op.

Rosa haalde diep adem. Dit was het moment. Ze moest haar vader vertellen over de brief. Ze schraapte haar keel. 'Ik heb die brief van meester Gabriel nog eens bestudeerd,' zei ze.

De president keek haar verward aan. 'Welke brief?'

'De ontslagbrief,' zei Rosa. 'Er klopt iets niet. Waarom zou meester Gabriel zomaar weggaan? Hij had het hier heel erg naar zijn zin.'

'Hij is verliefd,' mompelde de president. 'Verliefde mensen doen rare dingen.'

'Hij neemt niet eens zijn telefoon op als ik hem bel,' zei Rosa. 'Dat vind ik vreemd.'

Haar vader haalde zijn schouders op. 'Hij heeft gewoon geen zin om het uit te leggen. Zou ik ook niet hebben, als ik hem was.'

'Ik heb die brief dus nog eens bekeken,' zei Rosa. 'Volgens mij staat er een geheime boodschap in.' Ze vertelde over de eerste letters van elke alinea, die samen het woord 'help' vormden. Het was echt iets voor meester Gabriel om zoiets te doen.

'Laat die brief eens zien,' commandeerde de president.

'Ik ben hem kwijt,' antwoordde Rosa. 'Volgens mij is hij gestolen.'

De president stond op van de tafel. 'Ik vind het nogal vergezocht allemaal.'

'Maar je moet iets doen!' riep Rosa.

'Ik heb het druk. Ik moet het land regeren. Meester Gabriel redt zich wel.'

Rosa zuchtte. Ze wist dat het weinig zin had om er langer over door te zeuren. Ze zou zelf iets moeten doen. 'Mag Julia hier komen?' vroeg ze.

'Julia?' De president fronste zijn wenkbrauwen.

'Dat is de dochter van het spook,' zei Florabella. 'Ik vind dat geen goed idee.'

'Maak je niet zo druk, bananensnoepie,' antwoordde de president. En tegen Rosa zei hij: 'Haal haar maar op in een limousine.'

HOOFDSTUK 7

FERNANDO-BADJAS

Op dat moment zat ook Julia aan het ontbijt, samen met haar moeder en meester Manuel. Op tafel stond een grote mand afbakbroodjes. Ze hadden allemaal de vorm van Pablo Fernando's hoofd. Er was Fernando-jam, Fernando-stroop en Fernando-poedersuiker. Mevrouw Lopez had eieren gekookt die warm werden gehouden door Fernando-eiermutsjes. Er stond een pak cornflakes op tafel met een foto van de president erop.

'Vonden jullie het ook niet fantastisch gister?' vroeg mevrouw Lopez. Ze besmeerde een Fernando-broodje met Fernando-jam. 'Ik heb nog met Pepito gedanst. Je weet wel, die man met die knappe snor. Hij is de baas van de Super Geheime Dienst. Hij is natuurlijk niet zo lekker als de president...' Ze nam een hap van haar broodje. '...maar wel erg stoer, met die snor van hem.'

Mevrouw Lopez at haar mond leeg. 'Misschien

moet jij ook eens een snor proberen, Manuel. Dat staat je vast goed.'

Meester Manuel haalde zijn schouders op. 'Ik ben niet zo van de snorren,' zei hij.

'Heb je het wel eens geprobeerd?' vroeg mevrouw Lopez. Ze keek haar man strak aan.

'Niet echt,' antwoordde de meester.

'Je moet alles een keer proberen, schat,' zei ze. Toen wendde ze zich tot haar dochter. 'Hoe heb jij het eigenlijk gehad, Juul?'

'Het was wel oké,' zei Julia.

'Je bent dikke vriendinnen geworden met die Rosa, hè? Wat een leuk meisje is dat toch! Heb je haar nummer?'

'Ja, mam,' zei Julia.

'Geweldig! We zullen elkaar vast nog vaak zien,' zei mevrouw Lopez. 'Zeg maar tegen haar dat ze hier welkom is. Onze deur staat altijd voor haar open. Of niet, liefie?'

'Uiteraard,' zei meester Manuel. Hij dronk een kop koffie en droeg net als zijn vrouw een Fernando-badjas.

Julia wilde net een hap van haar broodje nemen, toen haar telefoon begon te zoemen.

'Dat is vast een berichtje van Rosa,' riep mevrouw Lopez. 'Kijk maar even, hoor. Dat mag best tijdens het eten.'

Julia keek op haar telefoon. Het was inderdaad een berichtje van Rosa.

Papa gelooft het niet.

Mevrouw Lopez boog zich naar Julia toe. 'Wat schrijft ze?' vroeg ze nieuwsgierig. 'Toe, lees eens voor.'

'Dat is privé,' zei Julia.

'Aha,' riep mevrouw Lopez. Haar ogen straalden. 'Je hebt een berichtje van Fico, of niet?' Ze keek meester Manuel aan. Volgens mij is onze kleine meid verliefd.'

'Ma-ham!'

'O, wat leuk! Volgens mij ziet hij jou ook wel zitten.'

'Doe normaal, mam! Fico is twee jaar jonger.'

'Dat maakt tegenwoordig echt niets meer uit, hoor,' zei mevrouw Lopez. 'Meester Manuel is ook vijf jaar jonger dan ik. Daar merk je niets van.'

'Ik ben niet verliefd,' zei Julia.

'Stel je voor,' kakelde mevrouw Lopez, 'straks ben jij gewoon verloofd met de nieuwe president. Hoe zou dat zijn? De vrouw van zo'n machtige man.'

Julia zei niets. Het had toch geen enkele zin. Als haar moeder eenmaal iets in haar hoofd had...

'Fico is een briljant kind, hoor,' zei mevrouw Lopez. 'Jongens als hij zie je niet veel. Ik heb gehoord dat hij de zwarte band heeft in karate. Hij speelt vijftien verschillende muziekinstrumenten, waaronder de doedelzak – wat heel moeilijk schijnt te zijn.' Mevrouw Lopez ratelde maar door. 'Hij is wereldkampioen monopoliën, hij heeft een nieuwe caviasoort met blauw haar gefokt. En het schijnt dat hij een medicijn heeft uitgevonden tegen okselwratten. Stel je voor dat je kindertjes krijgt met Fico.

Dat worden vast allemaal kleine genietjes.'

'Met blauw haar, zeker,' zei Julia.

'Ik zou zeggen: Grijp je kans, Juul! Zo'n kans krijg je maar eens in je leven.'

'Mam, voor de zoveelste keer: ik ben niet verliefd.'

De telefoon begon opnieuw te zoemen. Er kwam weer een berichtje binnen:

Kom je zo? We halen je op!

'Mag ik zo naar Rosa?' vroeg Julia.

'Natuurlijk,' riep mevrouw Lopez. 'Zullen wij je even brengen? Drinken we meteen een kopje thee bij de president en zijn vrouw. Die Florabella is toch zo'n leuk mens. Ik durf te wedden dat we binnen de kortste keren de dikste vriendinnen zijn!'

Julia stuurde meteen een berichtje terug.

Leuk! Ik sta zo klaar!

Goed! Tot zo!

'Ik word zo opgehaald,' zei Julia, terwijl ze haar telefoon in haar broekzak stopte.

'O, wat spannend,' kraaide mevrouw Lopez. 'Weet je al wat je aantrekt?'

'Nou, gewoon dit? Hoezo?' Julia droeg een korte

spijkerbroek en een groen T-shirt met een witte ster erop.

Mevrouw Lopez bekeek haar dochters kleren aandachtig. ‘Dat kan echt niet, hoor,’ zei ze. ‘Wacht, ik heb nog wel wat.’

Ze liep de kamer uit en kwam even later terug met een wit T-shirt met het hoofd van de president erop.

‘Hiermee maak je pas indruk,’ zei ze.

‘Mam, doe niet zo raar!’

‘Hoezo? Vind je het niet mooi? Ik heb er ook een met Fico erop.’

‘Dat kan echt niet, mam!’

‘Het gaat om je toekomst, schatje.’

Julia rolde met haar ogen. ‘Ik ga gewoon even bij Rosa langs. Niets bijzonders.’

'Wil je mijn lippenstift anders lenen?' probeerde haar moeder. 'Je moet er natuurlijk wel goed uitzien. Ik heb ook mascara voor je.'

'Ik ga gewoon zoals ik ben,' antwoordde Julia. Een kwartier later stond Julia voor het huis te wachten.

Haar moeder hing over de reling van het balkon. Ze had de Fernando-badjas nog aan. 'Hoe laat moeten we je straks ophalen?' riep ze.

Julia keek haar moeder geïrriteerd aan. Ze moest er niet aan denken dat dat mens haar straks zou komen ophalen. En moest ze haar nou echt in die belachelijke badjas gaan staan uitzwaaien?

'Weet ik niet,' antwoordde Julia nors.

'Geeft niet!' riep haar moeder. Ze straalde. Waarschijnlijk hoopte ze dat de hele buurt zou zien door wie haar dochter werd opgehaald.

Mevrouw Lopez bleef op het balkon wachten tot er een grote zwarte limo voorreed met Costa Banaanse vlaggetjes op de motorkap. Ze zwaaide overdreven en riep luid: 'Doe de groetjes aan Florabella! En geef de president een knuffel van me.'

Julia stapte zo snel mogelijk in.

Het was een indrukwekkende auto met geblindeerde ramen van kogelvrij glas. Rosa zat op de lange bank die zich uitstrekte over bijna de gehele lengte van de limo. Er was een bar met een ingebouwde koelkast en een tv. Zo'n beetje alles was van goud. Julia keek haar ogen uit.

'Dus je vader gelooft je niet?' vroeg Julia toen ze eenmaal onderweg waren.

'Hij wil eerst de brief zien,' antwoordde Rosa.

Julia staarde voor zich uit. 'Heb je een idee wie de brief kan hebben gestolen?'

Rosa schudde langzaam haar hoofd. 'Het is waarschijnlijk tijdens het feest gebeurd,' zei ze. 'Het was zo druk. En er waren zo veel mensen. Het kan iedereen zijn.'

Julia dacht diep na. Aan het eind van het feest had de president een lied geplaybackt. Ze hadden er samen naar staan luisteren. Om hen heen waren een heleboel mensen geweest. Ze had niet op hen gelet. Hoe goed ze ook haar best deed, ze kon zich niemand herinneren. Het had geen zin. Op deze manier kwamen ze er nooit achter.

'Ik vraag me af wie die vriendin van meester Gabriel was,' zei Rosa. 'Hij heeft nooit iets over haar gezegd.'

'Had hij een dagboek?' vroeg Julia. 'Of een schriftje waarin hij dingen opschreef?'

Rosa keek Julia verrast aan. 'Dat zou best eens kunnen.' Ze dacht even na en zei toen: 'We gaan straks meteen even op zijn kamer kijken.'

HOOFDSTUK 8

REUZENRAD

Het was rond tien uur in de ochtend toen een man met de naam Ernesto Fernandoland binnenwandelde. Hij had een flinke bos grijze krullen en een keurig kortgeknipt baardje.

Zijn ogen schoten voortdurend heen en weer achter een zilverkleurig uilenbrilletje. Niets of niemand ontging hem. De jongen met de suikerspin bij de botsauto's. De man bij de schiettent. De vrouw met de wandelwagen.

Rustig slenterde hij in de richting van het reuzenrad. De rook van zijn pijp kringelde in dunne slierten omhoog.

Het was nog niet druk in het pretpark. Hij hoefde maar een kwartier in de rij te staan voor het reuzenrad. Precies om halfelf stapte hij in.

'Vindt u het goed als ik naast u kom zitten?' vroeg een man met een grote donkere zonnebril. Hij wees op de lege plaats naast Ernesto. De man had een enorme snor en droeg een modieuze strohoed met een zwarte band eromheen.

Ernesto knikte.

Een tijdje zaten ze zwijgend naast elkaar in het tweepersoonsbakje. Ongeveer tien minuten later, toen ze bijna op het hoogste punt waren, zei de snor: 'Ze hebben iets in de gaten.'

Ernesto nam zijn pijp uit zijn mond en vroeg zonder de man aan te kijken: 'Over wie hebben we het?'

'Rosa en Julia,' was het antwoord. 'Ze zijn in het kantoor van de president geweest. Daar vonden ze dit.' Hij schoof Ernesto een brief toe. 'Het is de brief die we meester Gabriel hebben laten schrijven.'

Ernesto pakte de brief en vouwde hem open.

'De meester heeft er een geheime boodschap in gezet,' zei de snor. 'Hij probeert ze te waarschuwen.'

'Zijn die kinderen een gevaar voor onze missie?'

Ernesto vouwde de brief weer op en gaf hem terug.

De snor staarde naar het reusachtige standbeeld van president Fernando dat in het midden van het pretpark stond. Het bouwwerk was honderd meter hoog en zo groot dat er een restaurant in de reusachtige pet van de president paste. 'Ik denk het niet,' zei hij rustig. 'Niemand gelooft ze. Ze hebben geen enkel bewijs en de president is alleen maar met zichzelf bezig.'

Ernesto trok aan zijn pijp en blies de rook door zijn neus naar buiten. 'Hoe staat het verder met Operatie Pisang?' wilde hij weten.

'Goed. Operatie Pisang is geslaagd.'

Vijf minuten zaten ze zwijgend naast elkaar. Toen het bakje weer beneden kwam, stapte de snor meteen uit en liep weg zonder te groeten. Ernesto bleef zitten voor een tweede rondje.

HOOFDSTUK 9

GEHEIM BOEKJE

De limousine had Rosa en Julia voor de ingang van het paleis afgezet. Daarna waren ze meteen naar meester Gabriels kamer gegaan. Rosa was op haar knieën gaan zitten en probeerde het slot van de kamerdeur met twee haarspelden open te krijgen. Het was niet makkelijk. Vijf minuten was ze nu al bezig.

'Lukt het altijd?' vroeg Julia.

'Met deze sloten in het paleis wel,' antwoordde Rosa. 'Daar heb ik al heel vaak op geoefend.'

Ze morrelde nog wat, tot er een zachte klik te horen was en de deur langzaam openging.

'Mag dit eigenlijk wel?' vroeg Julia.

'Nee, natuurlijk niet,' zei Rosa. 'Maar we doen het lekker toch.'

'Wat als je vader erachter komt?'

Rosa stapte naar binnen. 'Dat zien we dan wel weer.'

Julia aarzelde.

'We doen dit niet zomaar, hoor,' zei Rosa. 'We doen

het om meester Gabriel te helpen.'

Ze liep naar het bureau en doorzocht vlug de laatjes. Het voelde gek om zomaar tussen de spullen van haar meester te neuzen. Eigenlijk was het spioneren. Wat als ze dingen vond die haar helemaal niets aangingen? Aan de andere kant wist ze dat dit hun enige kans was om meer over meester Gabriel te weten te komen. Hij zou het vast goed vinden, zei ze tegen zichzelf.

'We doen dit om hem te helpen,' zei ze nogmaals.

'Ligt er iets?' vroeg Julia vanaf de drempel.

Rosa schudde haar hoofd. Er lagen pennen, paperclips, elastiekjes en stiften. Niets bijzonders.

Ze keek in het rond. De kamer van meester Gabriel zag er keurig uit. De meeste spullen die er stonden, hoorden bij het paleis: een groot bed, een bureau, een boekenkast en een sofa. Er was een kleine keuken en een badkamer met ligbad.

Julia stapte de kamer binnen en liep naar de boekenkast. 'Sommige mensen verstoppen dingen in een hol boek,' zei ze.

Rosa knikte. Meester Gabriel had haar wel eens een munt laten zien. Het had een doodgewone munt geleken, precies zoals alle andere munten. Maar met een speciaal ringetje kon je hem openmaken. Er zat een kleine holle ruimte in waar je een piepklein geheugenkaartje in kon bewaren. Als een geheim al in iets kleins als een muntje paste, dan kon je overal wel iets in verstoppen. Een holle bout in de muur. Een haarborstel of een tandenborstel met een geheim opbergvakje erin. Een stopcontact dat eigenlijk helemaal geen stopcontact was, maar een geheim kluisje...

Meester Gabriel was slim, wist Rosa. Als hij hier iets had verstopt, zouden ze het niet zomaar vinden. Ze liep naar Julia. 'Laten we met de boekenkast beginnen,' zei ze.

Ze controleerden de boeken een voor een en zetten ze daarna weer terug in de kast.

'Denk je dat meester Manuel hier komt wonen?' vroeg Rosa plotseling.

'Dat zou mijn moeder wel willen,' zei Julia. 'Maar ik denk dat hij zelf liever niet wil verhuizen.'

'Als jij ook meekomt, lijkt het mij wel gezellig,' zei Rosa.

'Mij ook,' antwoordde Julia.

Ze waren al een aardig eindje op weg toen ze een bromvlieg hoorden zoemen. De vlieg kwam op hen af en vloog een rondje om Rosa's hoofd.

'Hou op, Fico,' riep Rosa. 'Ga iemand anders plagen. Dat is mijn broertje,' verduidelijkte ze. 'Hij heeft een spionagevlieg die hij op afstand kan besturen. Er zit een cameraatje in en een microfoontje.'

De vlieg ging op Rosa's neus zitten. Ze wuifde met haar hand. 'Rot op! Heb jij broertjes?' vroeg ze aan Julia.

Julia schudde haar hoofd.

'Wees blij,' zei Rosa. 'Ze zijn echt heel irritant.'

De vlieg vloog een stukje door de kamer en bleef voor de deur van het keukentje zweven.

Rosa pakte het volgende boek en sloeg het open. Ook dit was een heel normaal boek. Teleurgesteld zette ze het terug. Hoeveel boeken moesten ze nog doorzoeken?

Weer klonk er gezoem.

'Fico! Ga weg!' snauwde Rosa. Ze maaide nijdig door de lucht.

De vlieg draaide opnieuw twee rondjes om haar hoofd en vloog toen weer naar de keukendeur.

'Misschien probeert hij je iets te vertellen?' opperde Julia.

'Hoezo?'

'Hij vliegt steeds naar de keuken. Misschien wil hij dat je daar gaat kijken.'

'Hij zit ons gewoon te pesten.'

'Kan,' zei Julia, 'maar het kan ook dat hij weet waar meester Gabriel zijn geheimen bewaart.'

'Hoe zou hij dat moeten weten?'

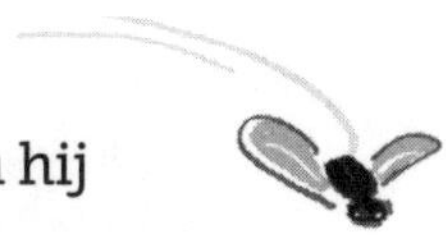

'Dankzij die vlieg,' zei Julia. 'Daarmee kan hij iedereen in de gaten houden.'

'Die vlieg gebruikt hij meestal alleen om mensen te plagen,' zei Rosa.

'Meestal is niet altijd,' zei Julia met een glimlach.

Rosa lachte. 'We zullen zien.'

Ze liepen naar de keuken. De bromvlieg vloog meteen naar de koelkast en bleef een tijdje voor de deur zoemen.

'Hij wil dat we in de koelkast kijken,' zei Julia.

Rosa liep ernaartoe en opende de deur. De vlieg vloog meteen naar binnen en ging op de colafles zitten.

'Wat is dit voor stomme grap?' Rosa smeet de deur dicht.

'Het is geen grap.' Fico stond in de deuropening met een controller in zijn hand. 'Meester Gabriel heeft zijn dagboek in die fles verstopt,' zei hij.

'In de cola, zeker,' zei Rosa.

Fico liep het keukentje binnen en opende de koelkast.

‘Klopt.’ Hij haalde de fles tevoorschijn. ‘Deze fles bestaat uit twee delen. Het is echt briljant. In de bovenkant en in de onderkant zit cola. En in het midden, achter het etiket, zit een holle ruimte.’ Hij draaide de fles open en haalde een klein boekje tevoorschijn.

‘Heb jij meester Gabriel bespioneerd?’ vroeg Rosa.

‘Ik zag het toevallig,’ zei Fico. ‘Ik was hier een paar weken geleden een beetje aan het rondkijken. We hadden een proefwerk en ik wilde weten wat de vragen waren. Toen zag ik dat hij iets in dat boekje schreef en het in die fles stopte.’

Rosa griste het boekje uit Fico’s handen. ‘Sorry,’ zei ze. ‘Bedankt voor je hulp.’

HOOFDSTUK 10

BROMVLIEG

Rosa bladerde door het boekje van meester Gabriel. Het stond vol met snelle krabbels.

Woensdag 17 mei –

Vannacht gedroomd dat ik wereldkampioen wielrennen werd. De president werd boos omdat ik hem niet had laten winnen.

Rosa voelde zich een beetje schuldig. Zelf zou ze het niet leuk vinden als iemand in haar dagboek las. Haar meester had het goed verstopt. Hij wilde kennelijk niet dat iemand het vond.

Donderdag 8 juni –
Ik droomde dat ik samen met Rosa
een ijscokar had. We vonden een
heleboel nieuwe smaken uit:
spaghetti-ijs, patatijs en hotdogijs.
De mensen vonden het heerlijk!

Rosa glimlachte. Hij droomde ook over haar. Wat miste ze hem ineens.

Vlug bladerde ze verder. Op de laatste beschreven bladzijde stond:

Dinsdag 27 juni –
Het was echt heel gezellig.
Ze heet Coco Luna. Ze heeft een
prachtige lach.
We hebben tot diep in de nacht
gepraat. Ik hoop dat ze mij ook
leuk vindt.

Zaterdag 1 juli –
Pizza gegeten bij Fernando's.
We zaten buiten op het terras onder
de sterrenhemel. Zo romantisch!

Zondag 2 juli –
Ze wil met me op vakantie.
Zo snel al! Morgen eerst maar eens
naar haar huis kijken. Ze is zo leuk!

Meester Gabriel had er een foto bij geplakt. Er stond een mooie vrouw op met lang zwart haar, donkere ogen en een fijn gezicht.

‘Dat is onze buurvrouw!’ riep Julia. ‘Dat is toevallig! Ze woont naast ons!’

Rosa’s mond viel open van verbazing. ‘Weet je dat zeker? Heb je meester Gabriel wel eens gezien dan?’

‘Ik g-geloof het niet,’ stamelde Julia. ‘Maar misschien kennen ze elkaar nog niet zo lang.’

‘Dat denk ik ook,’ zei Rosa. ‘Twee weken geleden was hij voor het eerst bij haar thuis. En daarna zijn ze dus meteen met vakantie gegaan.’

Julia pakte het boek en las de krabbels. ‘Vreemd,’ zei ze, ‘er staat nergens dat hij van plan was te verhuizen.’

‘Dat was hij denk ik ook niet van plan,’ zei Rosa. ‘Hij is met haar op vakantie gegaan en niet meer teruggekomen. Misschien is hij ontvoerd en heeft iemand hem gedwongen die brief te schrijven. De ontvoerders willen dat wij denken dat hij verhuisd is. Maar waarom?’

Rosa sloeg het boekje dicht en stopte het terug in de

fles. 'Ik wil wel eens in het huis van Coco kijken,' zei ze, terwijl ze de fles dichtschroefde.

'Denk je dat zij er iets mee te maken heeft?' vroeg Julia.

'Zou kunnen,' zei Rosa. 'Ze is in elk geval de laatste die hem heeft gezien.'

'Wou je bij haar inbreken?'

'Nee,' zei Rosa, 'Fico gaat ons helpen. Met zijn vlieg.'

'Mooi niet,' riep Fico. 'Er is niets aan de hand. Meester Gabriel is gewoon verliefd. En verliefde mensen doen rare dingen. Dat zei papa zelf.'

'Zullen we wedden?' vroeg Rosa.

'Ik heb alles al. En wat ik niet heb, krijg ik van papa.'

'Als we niets vinden, noem ik jou een week lang Super Fico,' zei Rosa.

Fico keek zijn zus een moment aan. Toen verscheen er een grote grijns op zijn gezicht. 'Een maand,' zei hij. 'Je noemt mij een maand lang Super Fico.'

'En als ik gelijk heb,' zei Rosa, 'help jij ons verder.'

Fico haalde zijn schouders op. 'Prima. We vinden toch niks.'

Rosa had de fles met het boekje in de koelkast teruggezet. Daar lag het waarschijnlijk het veiligst. Ze kon later altijd nog eens terugkomen om meer te lezen. Daarna waren ze meteen weggegaan.

Een limousine bracht hen snel naar de straat waar Coco woonde. Er stonden palmbomen, afgewisseld met elektriciteitspalen die de huizen via een wirwar

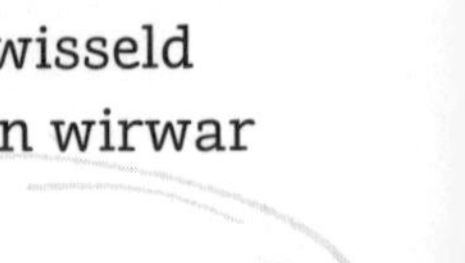

van zwarte kabels voorzagen van stroom. Er waren terrasjes en kleine winkeltjes waar je souvenirs, kleding en etenswaren kon kopen.

'Daar woont ze.' Julia wees naar boven. 'Op de eerste verdieping. Dat is haar balkon.'

Fico pakte zijn controller en opende het autoraam. Hij keek zijn zus aan. 'Als we niets vinden, noem jij mij een maand lang –'

'Ja, ja,' zei Rosa. 'Dan ben jij een maand lang Super Fico.'

'Grote Briljante Super Fico,' zei Fico.

'Wat jij wilt,' zei Rosa.

Haar broertje zette de controller aan. Hij duwde een hendeltje naar voren en meteen schoot de vlieg door het autoraam naar buiten. Soepel stuurde hij hem omhoog. Op de controller zat een schermpje waarop je alles kon zien wat de vlieg met zijn cameraatje zag. Rosa en Julia rekten zich uit om niets te missen.

Het ding vloog snel omhoog. Daar was het balkon van Coco, direct naast dat van meester Manuel.

Het gebouw waarin ze woonden was oud en een beetje vervallen. De zalmroze verf bladderde van de muren.

De vlieg vloog zoemend voor Coco's raam langs en bleef daar even hangen. Het appartement leek verlaten. Fico stuurde de vlieg naar rechts om te zien of hij ergens een opening kon vinden. Maar helaas zaten alle ramen dicht, en ook de deur naar het balkon was gesloten.

Fico vloog een rondje over het balkon. Het sleutelgat in de deur bleek te klein om doorheen te vliegen.

'Daar is een rooster,' riep Rosa. 'Probeer dat eens.'

'Wou ik net doen, zusje,' zei Fico. Hij stuurde de vlieg naar boven en inspecteerde het ventilatierooster. Het stond open.

'Yes!' riep Rosa.

Fico zei niets. Hij staarde geconcentreerd naar het scherm. Zijn vingers bewogen razendsnel. Behendig stuurde hij de vlieg door een van de smalle openingen in het rooster.

De vlieg was binnen.

Het appartement leek op dat van meester Manuel. Het was keurig opgeruimd. Er hingen foto's van Coco en schilderijtjes van de president. Op het dressoir stond een aantal Fernando-beeldjes (Fernando die met een octopus vocht, Fernando die een haai in bad deed en Fernando in een ruimtepak op de maan).

'Coco is duidelijk niet verhuisd,' zei Rosa. 'Al haar spullen staan er nog.'

Fico vloog het hele appartement door. Hij ging zorgvuldig te werk. Hij begon in de woonkamer en zocht met de klok mee, zodat hij niets zou vergeten. Hij keek op, achter en onder de kasten. Doorzocht de kleinste hoekjes, kiertjes en gaatjes.

Toen hij klaar was met de woonkamer vloog hij naar de keuken en toen naar de hal, de badkamer en de slaapkamers. Af en toe gaven Rosa en Julia hem aanwijzingen.

'Kijk nog even achter die wasmand.'

'Heb je al tussen de bladeren van die plant gekeken?'

‘Zit er misschien iets achter de koelkast?’

De vlieg kwam overal, maar er was niets verdachts te zien.

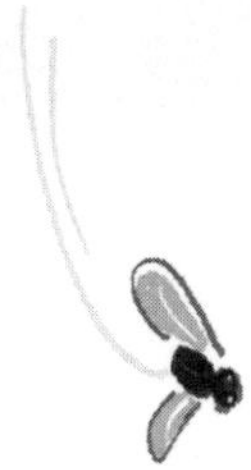

Fico was in zijn nopjes. ‘Het lijkt erop dat jij mij de komende maand Grote Briljante Super Fico gaat noemen,’ zei hij met een gemene grijns.

Rosa reageerde niet. Ze staarde naar het schermpje op de controller.

Fico stuurde de vlieg terug naar de woonkamer. ‘We hebben nu echt overal gekeken,’ zei hij. ‘Ik denk niet dat we nog iets gaan vinden.’

Triomfantelijk stuurde hij de vlieg omhoog en liet hem een looping maken.

‘Wacht,’ riep Rosa. ‘Ik zag iets geks! Daar! Boven op die deur!’ Er klonk opwinding in haar stem.

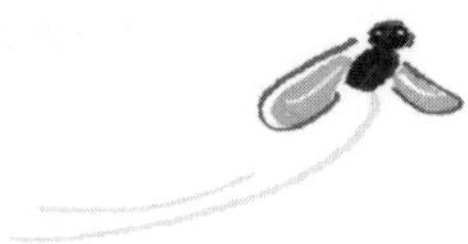

‘Welke deur?’ vroeg Fico.

‘De deur naar de woonkamer.’

Fico liet de vlieg in een grote boog terugvliegen. In de deuropening maakte hij een rondje. ‘Ik zie niets bijzonders, hoor.’

‘Nee-hee,’ zei Rosa ongeduldig. ‘Boven op de deur. Het leek wel een luikje of zo.’

Fico liet de vlieg omhooggaan en vloog een rondje boven de deur.

‘Daar!’ riep Rosa enthousiast.

Boven op de deur zat een klein metalen plaatje. Het zat vast met vier schroeven.

‘Bedoel je dat?’ vroeg Fico spottend.

‘Ja!’ riep Rosa. ‘Dat zou best eens een geheime bergplaats kunnen zijn.’

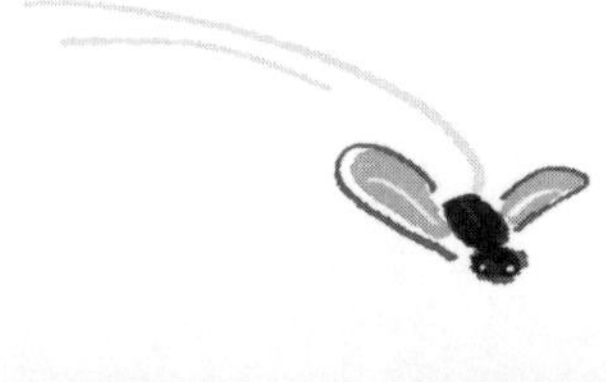

‘Als dat zo is, is het een briljante verstopplek,’ zei Julia. ‘Wie kijkt er nou boven op een deur?’

‘Een bromvlieg,’ zei Rosa.

Ze lachten.

Fico liet de vlieg op de deur landen en bekeek het metalen plaatje nog eens goed. ‘Volgens mij heb je gewoon te veel spionageboeken gelezen,’ zei hij.

‘Heb jij een betere verklaring dan?’ vroeg Rosa.

‘Weet ik veel!’ antwoordde Fico. ‘Het is gewoon een metalen plaatje op een deur.’

‘Ik wil weten wat het is,’ zei Rosa vastberaden. ‘Als dat een verstopplek is, heeft Coco een geheim. En dat geheim wil ik weten. Misschien heeft zij meester Gabriel wel ontvoerd. Dat zou toch kunnen? We moeten het appartement in. Ik wil per se even onder dat plaatje kijken.’

Fico zuchtte. ‘Je kunt gewoon niet tegen je verlies,’ mopperde hij.

‘Als er niets in die deur zit, noem ik jou een maand lang Grote Briljante Super Fico,’ zei Rosa.

‘Maak er maar Megabriljant van,’ zei Fico. ‘En twee maanden. Eén is te kort.’

‘Prima, twee maanden. Maar als er wel iets in zit, help jij ons.’

‘Ja, ja,’ antwoordde Fico. Hij stuurde de vlieg terug door de woonkamer en vloog hem toen met gemak door het ventilatierooster naar buiten, naar beneden en terug naar de auto.

HOOFDSTUK 11
HAARSPELD

Rosa vroeg de chauffeur om op hen te wachten. Daarna stapten ze uit en volgden Julia naar het gebouw. Het was een warme dag en de zon stond hoog aan de hemel.

'Ben je wel eens bij Coco thuis geweest?' vroeg Rosa toen ze door het trappenhuis naar boven liepen.

'Niet vaak,' antwoordde Julia. 'Misschien twee of drie keer. Ik zag haar sowieso bijna nooit.'

Rosa keek om zich heen. De stenen treden waren uitgesleten. In de balustrade ontbrak hier en daar een spijl. En ook de leuning was nodig aan een verfbeurt toe. Een groot verschil met het trappenhuis van het paleis, dacht Rosa. Daarin lagen dikke rode tapijten. Alles blonk en glom en schitterde.

Bij Coco's voordeur bleven ze staan. Even aarzelde Rosa. Het was niet netjes om zomaar ergens naar binnen te gaan. Wat als ze het mis hadden? Wat als

Coco er niets mee te maken had? Het zou een beetje raar zijn om dan in haar spullen te gaan neuzen.

Aan de andere kant, meester Gabriel was in gevaar. Ze moesten hem helpen.

Snel trok ze twee spelden uit haar haar en boog ze krom.

'Meester Manuel heeft een reservesleutel,' zei Julia.

Rosa keek haar vriendin verbluft aan.

'Voor noodgevallen,' zei Julia.

'Weet je waar hij ligt?' vroeg Rosa.

'Hij heeft hem aan zijn sleutelbos, dus waarschijnlijk in zijn broekzak.'

'Dat is te riskant.'

'Meester Manuel is te vertrouwen. Dat weet ik zeker. Honderd procent.'

Rosa knikte en dacht even na. Toen boog ze zich naar Julia: 'Als meester Gabriel terugkomt, is meester Manuel zijn leuke baantje kwijt. Dan wordt meester Gabriel weer onze meester.'

Julia schudde haar hoofd. 'Zo is hij niet,' fluisterde ze. 'Hij wil altijd anderen helpen. En ik denk dat hij stiekem juist blij is als hij zijn klas terugkrijgt.'

'Denk je?' zei Rosa net iets te hard.

'Hij is gek op zijn klas. Hij mist de kinderen nu al.'

'Toch doe ik het liever zelf,' zei Rosa. Ze stak de spelden een voor een in het slot en bewoog ze kalm heen en weer. Er gebeurde niets, dus duwde ze de haarspelden iets verder in het slot. Geconcentreerd probeerde ze het palletje te vinden waarmee ze het open zou kunnen krijgen.

‘Lukt het?’ fluisterde Julia gespannen.

‘Ze zitten vast,’ siste Rosa. Ze begon aan de spelden te trekken, maar wat ze ook deed, ze kreeg ze er niet meer uit. Er was geen beweging in te krijgen.

Er liep een zweetdruppel over haar voorhoofd. Voorzichtig maakte ze een draaiende beweging, maar het hielp niets. ‘Ik krijg hem er niet meer uit,’ fluisterde ze wanhopig.

‘Probeer iets harder te trekken,’ zei Julia.

‘Ik ben bang dat hij dan afbreekt. En als dat gebeurt, komen we er nooit meer in.’

‘Zal ik even een tangetje gaan halen?’ vroeg Julia.

Er klonken voetstappen beneden in de hal.

De meiden keken elkaar geschrokken aan.

Fico deed een stap naar achteren en gluurde over de trapleuning naar beneden.

‘Het is een vrouw,’ fluisterde hij. ‘Ze heeft zwart haar.’

Julia werd lijkbleek. ‘Coco,’ fluisterde ze.

Wilde gedachten schoten door Rosa’s hoofd. Ze was ervan uitgegaan dat Coco met meester Gabriel weg was gegaan. Maar wat als ze nog hier was? Wat als ze nu thuiskwam? Ze was niet echt verhuisd. Misschien was ze ook wel niet met vakantie.

Julia vloog als eerste overeind. Zonder iets te zeggen trok ze Rosa met zich mee naar de deur van meester Manuels appartement. Vlug graaide ze in haar zakken, op zoek naar haar sleutels.

Rosa staarde angstig naar de trap. De vrouw met het zwarte haar kwam langzaam naar boven. ‘Schiet op,’ siste ze. ‘Druk op de bel.’

Julia belde aan. Het duurde eindeloos.

Rosa beet op haar lip. Toen realiseerde ze zich iets vreselijks. De haarspeld! Die zat nog in de deur! Als Coco naar binnen wilde, zou ze hem zien, dat kon niet anders. En dan zou ze hen ook zien. Ze zou hen meteen herkennen. Rosa en Fico waren in het hele land bekend. Iedereen wist dat zij de kinderen van de president waren.

Rosa trok Fico naar zich toe. 'Ze mag ons niet herkennen,' siste ze.

Maar het was al te laat. 'Fico?' riep de vrouw verbaasd.

HOOFDSTUK 12
TATTOO

De vrouw keek nu ook Rosa aan. ‘Lieve hemel! En dat is Rosa! Wat leuk! De superkinderen van Super Pablo! Wat doen jullie hier?’

Rosa zuchtte. Dit was niet Coco. De vrouw die ze op de foto in meester Gabriels dagboek hadden gezien, was veel jonger.

‘Dit is mevrouw Vega,’ zei Julia. ‘Ze woont boven ons.’

Rosa en Fico gaven haar een hand.

Toen deed mevrouw Lopez de deur open. ‘Ah!’ riep ze. ‘Kijk eens wie we daar hebben!’ Ze glom van trots. ‘De kinderen van de president!’ Daarna keek ze mevrouw Vega triomfantelijk aan: ‘Mijn man werkt op het paleis!’

‘Mogen wij naar binnen?’ vroeg Julia.

Maar mevrouw Lopez lette niet op haar dochter. Ze had rode blosjes op haar wangen van opwinding en haar ogen glinsterden. Dit was haar kans. Zo meteen zou de hele buurt weten hoe voornaam ze nu wel niet waren. 'We komen regelmatig bij de familie over de vloer,' zei ze. 'Ik voel een echte vriendschap ontstaan. Pablo en Florabella zijn zulke schatten van mensen. Je zou ze echt eens een keer moeten ontmoeten.'

'O, meid, wat leuk voor je,' riep mevrouw Vega.

'Kun je het je voorstellen,' kakelde mevrouw Lopez, 'we horen nu bij de elite! Ik heb al tegen mijn man gezegd: "Nog even, schatje, en je krijgt je eigen straatnaambordje."'

Julia wurmde zich langs haar moeder naar binnen. Rosa en Fico glipten achter haar aan. In de gang pakte Julia meteen een klein gereedschapskistje uit een kast. Ze opende het en zocht haastig tussen het gereedschap. Al snel had ze een tangetje en een schroevendraaier gevonden. Ze gaf ze aan Rosa.

Toen draaide mevrouw Lopez zich met een ruk om. 'Wat zijn jullie toch allemaal aan het doen?'

'We zijn wat vergeten,' zei Julia.

Rosa verborg het gereedschap snel achter haar rug.

Mevrouw Lopez keek haar strak aan. 'Hebben jullie zin in Fernando-cupcakes?' vroeg ze toen.

'Nee, mam,' antwoordde Julia. 'We gaan zo weer.'

'Ik wil zo nog wel even jullie handtekeningen, hoor,' zei mevrouw Lopez tegen Rosa en Fico. Toen draaide ze zich om naar mevrouw Vega: 'We hebben gasten. We praten een andere keer verder. Tot ziens!' Meteen daarna sloot ze de deur. 'Ik ga direct thee voor jullie maken,' vervolgde ze. 'Ik sta erop dat jullie even blijven.'

'We hebben haast,' zei Julia.

'Niets mee te maken,' antwoordde haar moeder. Ze duwde de kinderen voor zich uit naar de kamer. 'Kom mee. We drinken een kopje thee. Dat is gezellig.'

'Ma-ham,' riep Julia.

Meester Manuel zat op de bank met zijn tablet.

'We hebben hoog bezoek, lieverd,' riep mevrouw Lopez. En tegen de kinderen zei ze: 'Gaan jullie maar even op de bank zitten.'

'Mam, we hebben nog meer te doen,' zei Julia.

Meester Manuel legde de tablet weg. 'Vanwaar die haast?' wilde hij weten.

Rosa ging zitten. 'Ik lust wel een kopje thee,' zei ze. Als ze hun plannen geheim wilden houden, konden ze maar beter meewerken.

Mevrouw Lopez ging naar de keuken om thee te zetten en kwam even later terug met een dienblad vol dampende kopjes en een groot bord vol Fernando-cupcakes, Fernando-soesjes, Fernando-rotsjes en zelfs Fernando-zoenen.

'Wat bijzonder,' riep ze, terwijl ze de kopjes uitdeelde. 'Ik kan het nog steeds niet geloven. De kinderen van de president, zomaar hier in onze woonkamer.' Ze zette het bord met de lekkernijen op tafel. 'Neem zo veel je wilt,' zei ze vrolijk. Ze ging zitten en roerde driftig in haar thee.

Het bleef stil in de woonkamer. Alleen het tikken van de Fernando-klok was hoorbaar. Niemand wist goed wat te zeggen, dus nam mevrouw Lopez opnieuw het woord. 'Weet je wat ik ga doen?' zei ze. Ze keek de kinderen ondeugend aan. 'Ik neem een tattoo.' Ze zette haar kopje op de salontafel en pakte een dik boek. 'Ik weet al welke ik ga nemen,' zei ze, terwijl ze het boek opensloeg. Het stond vol plaatjes. 'Wat denken jullie van deze?' Ze hield het boek omhoog en wees op een portretje van de president. 'Is dat niet enig? Ik denk dat ik hem op mijn arm laat zetten.'

Julia keek haar moeder ongelovig aan.

'Een tattoo is heel normaal, hoor,' zei mevrouw Lopez. Ze stroopte haar mouw op en wees op haar bovenarm. 'Hier moet-ie komen. Dat is toch stoer?'

'Leuk,' zei Rosa. Ze probeerde niet te lachen. 'Goede keus.'

'Iedereen heeft tegenwoordig een tattoo,' zei mevrouw Lopez. 'Ook intelligente mensen. Dat is heel hip, hoor.'

Ze bladerde verder. 'Deze lijkt me wel wat voor mijn lieve Manuel.' Ze hield het boek weer omhoog en wees op een grote afbeelding van de president die op de rug van een draak zat. 'Wist je dat de Fernando's drakenbloed hebben? Het schijnt dat Pablo's opa werd geboren uit een drakenei.'

'Die is cool,' zei Fico goedkeurend. 'Maar misschien kun je beter mij op je rug laten zetten. Ik word de nieuwe president. Daar heb je langer wat aan.'

'Fico!' zei Rosa.

'Dat is niet eens zo'n gek idee,' zei mevrouw

Lopez. Ze sloeg een paar bladzijden om. 'Er staan ook plaatjes in van Fico. Misschien wat voor jou, Juul?'

'Daar zullen we het later nog wel eens over hebben,' zei meester Manuel. Hij gaf Julia een knipoog. 'Gaan jullie maar. Ik geloof dat jullie nog wel meer te doen hebben.'

Meteen sprong Julia op. 'Dat klopt,' zei ze.

'Komen jullie straks nog even terug?' vroeg mevrouw Lopez. 'Dan kunnen we elkaar beter leren kennen.'

Julia antwoordde niet. Ze duwde Rosa en Fico voor zich uit. Ze moest zo snel mogelijk weg zien te komen. Voor haar moeder weer met iets belachelijks kwam.

HOOFDSTUK 13

DE SLEUTEL

‘Let maar niet op mijn moeder, hoor,’ zei Julia toen ze weer voor de deur van Coco’s appartement stonden. ‘Ze kan zich nogal aanstellen.’

‘Mijn vader ook,’ zei Rosa.

Ze lachten.

Fico was de enige die niet lachte. Hij keek op zijn horloge. ‘Ik heb niet de hele dag de tijd.’

Rosa ging op haar knieën zitten en probeerde met het tangetje de haarspeld voorzichtig uit de deur te trekken. ‘Wat moet je doen dan?’ vroeg ze haar broertje plagerig. ‘*Super Pablo* spelen?’

‘Dat gaat je niks aan.’

Met het tangetje had Rosa meer grip, maar de haarspeld bleef stevig vastzitten.

‘Hoe wou je eigenlijk binnenkomen?’ vroeg Julia. ‘We hebben nog steeds geen sleutel.’

Rosa zei niets. Ze bewoog de speld langzaam heen en weer en probeerde er harder aan te trekken. Het hielp niets. Het ding zat muurvast.

'Pas op dat hij niet breekt,' fluisterde Julia bezorgd.

Rosa trok zo hard ze kon. Ze had er een rood hoofd van gekregen. Toen liet ze zich met een zucht op de grond zakken. 'Ik krijg hem er niet uit,' zei ze verslagen.

'Geloof mij nou maar,' zei Fico. 'Er is echt niks daar.'

'Ik weet zeker van wel,' zei Rosa, terwijl ze langzaam overeind kwam.

Fico haalde zijn schouders op. 'Je hebt nog een kwartier.'

Rosa gaf haar broertje het tangetje. 'Probeer jij het maar.'

'Kan ik jullie helpen?' vroeg een stem achter hen.

Verschrikt draaiden ze zich alle drie om.

Het was meester Manuel.

'We wilden... eh... alleen maar even...' stamelde Julia.

De meester knikte. 'Jullie wilden even binnen kijken.' Hij hield zijn hand op.

Fico gaf hem het tangetje.

Meester Manuel pakte de haarspeld stevig beet en trok hem met een ferme ruk uit het slot. 'Het is niet netjes om ergens in te breken,' zei hij rustig. 'Maar jullie hebben er vast een goede reden voor.' Hij keek hen vriendelijk en begripvol aan, zonder een spoor van verwijt.

Rosa keek Julia aan. Was hij echt te vertrouwen?

Julia, die Rosa's gedachte geraden had, knikte.

'Er is iets met meester Gabriel,' zei Rosa toen. Ze

wist dat er niets anders op zat. Ze hadden meester Manuel nodig. Ze vertelde hem over de brief met de geheime boodschap. Over het boekje van meester Gabriel dat ze in de colafles hadden gevonden. Over Coco en over de vlieg waarmee ze in haar appartement hadden gekeken. En over het metalen plaatje dat ze boven op een van de deuren hadden gezien.

Meester Manuel luisterde aandachtig. Af en toe knikte hij en keek de kinderen vol bewondering aan. 'Dus jullie denken dat meester Gabriel ontvoerd is?' vroeg hij uiteindelijk.

'Hij vroeg om hulp,' zei Rosa. 'Er is iets ergs gebeurd.'

Meester Manuel knikte. 'Waarom vertel je het niet aan je vader?'

'Heb ik gedaan,' antwoordde Rosa. 'Hij gelooft me niet. En iemand heeft de brief met de geheime boodschap gestolen. We hebben geen enkel bewijs.'

'We moeten iets doen,' zei Julia. 'Meester Gabriel ging met Coco op reis. Misschien vinden we iets in haar huis wat ons kan helpen.'

'Ik begrijp het,' zei meester Manuel. 'Het is niet netjes om in iemands spullen te neuzen, maar dit is een noodgeval.' Hij viste zijn sleutelbos uit zijn zak en opende zonder verder nog iets te zeggen de deur.

Rosa rende naar binnen. 'Deze deur was het,' riep ze enthousiast. 'Boven op deze deur zagen we dat luikje.'

Meester Manuel pakte zwijgend een stoel, klom erop en begon met de schroevendraaier de schroeven los te draaien.

Rosa keek gespannen toe. Ze hoopte vurig dat ze iets zouden vinden. Iets wat hen verder op weg zou helpen. Een dagboek misschien. Of een aanwijzing.

De meester draaide de eerste schroef eruit en stak die tussen zijn lippen. Daarna begon hij rustig aan de tweede.

Fico slenterde ondertussen doelloos door het appartement. Het was duidelijk dat hij niet lang meer wilde wachten.

Het leek eindeloos te duren, maar toen was het zover. Met de kop van de schroevendraaier wipte meester Manuel het metalen plaatje omhoog. De vier schroeven hield hij vastgeklemd tussen zijn lippen.

'En?' vroeg Rosa, die haar nieuwsgierigheid niet meer kon bedwingen.

Meester Manuel voelde in de gleuf en knikte. En even later haalde hij een boekje tevoorschijn.

'Laat eens zien,' riep Rosa opgewonden.

De meester gaf het haar en schroefde meteen het plaatje terug.

Rosa bekeek het boekje. OPERATIE PISANG, stond er op de voorkant. Van opwinding begon haar hart sneller te slaan. Snel opende ze het boekje. Op de eerste bladzijde stond een raadselachtig schema.

'Het is een geheime code,' zei Julia, die over haar schouder meekeek.

Rosa knikte, terwijl ze verder bladerde. Het boekje stond vol onbegrijpelijke lettercombinaties. Bladzijde na bladzijde. Er was geen woordje waar ze iets van begreep.

ISV AEG RT OI

MRRYLSKH SRNG RD

RIVFTRU UFFIVEY

'Mag ik eens kijken?' vroeg meester Manuel.

Rosa gaf hem het boekje. Ze was teleurgesteld. Hier hadden ze niets aan, tenzij meester Manuel de code kon ontcijferen.

De meester bekeek het schema op de eerste bladzijde.

'Begrijp jij wat er staat?' vroeg Rosa.

'Dit lijkt een heel oude methode om berichten mee te versleutelen. Ik heb er wel eens wat over gelezen. Om dit te ontcijferen heb je een speciaal woord nodig. Ze noemen dat ook wel een sleutel. Als je de sleutel kent, kun je alles ontcijferen.'

'Kunnen we niet gewoon wat woorden proberen?' vroeg Julia.

'Dat kan,' zei de meester. 'Maar dan moeten we wel geluk hebben. Het kunnen werkelijk alle woorden zijn die er maar bestaan. En misschien is het zelfs wel een verzonnen woord.'

'Wat hebben jullie gevonden?' wilde Fico weten.

Rosa negeerde haar broertje. 'Is Coco een spion?' vroeg ze aan meester Manuel.

'Ze had in elk geval geheimen,' antwoordde hij. 'Niet alleen spionnen gebruiken geheimtaal.'

'Ik vind het wel heel verdacht,' zei Rosa.

Fico griste het boekje uit meester Manuels handen en bladerde erin. 'Het is een geheime code,' zei hij.

'Ja, hè, hè,' zei Rosa. 'Het zat in die geheime bergplaats. Onder dat plaatje, weet je nog?'

'We moeten dit aan papa laten zien,' zei Fico. 'De SGD kan de code vast wel kraken.'

'Geef hier!' riep Rosa. Ze rukte het boekje uit haar broertjes handen. 'Ik wil het zelf houden. De brief van meester Gabriel is ook al gestolen. Ik vertrouw niemand meer.'

'Prima,' zei Fico. 'Maar nu ga ik naar huis.'

'Maar je zou ons helpen,' zei Rosa.

'Dat heb ik toch gedaan?'

Meester Manuel kwam tussenbeide: 'Als Fico naar huis wil, mag hij naar huis. Ik breng Rosa vanavond wel terug.'

Die middag doorzochten ze Coco's appartement. Dat was Rosa's idee. Ze hoopte een spoor te vinden dat naar meester Gabriel zou kunnen leiden.

Julia stond op het balkon op de uitkijk. Zodra ze Coco of iemand die ze niet kende het gebouw in zag komen, zou ze Rosa en meester Manuel waarschuwen.

De meester had eerst foto's gemaakt van al Coco's spullen. Dan wisten ze straks precies hoe alles had gestaan en konden ze de dingen keurig op hun plaats terugzetten.

Ze gingen grondig te werk en keken overal waar de vlieg niet had kunnen komen. Alles kon een geheime bergplaats zijn. Dus moesten ze alles controleren. Had een van de laatjes een dubbele bodem? Zat er iets verborgen in de hak van een van Coco's schoenen? Had ze iets verstopt in een tafelpoot? Of in de leuning van een stoel? In het matras?

Ze zochten de hele middag. Haalden alles overhoop, maar vonden niets. Geen geheime briefjes, geen spionagespullen, geen microfoontjes, geen camera's... helemaal niets.

Uiteindelijk ruimden ze alles netjes op. Daarna gingen ze terug naar Manuels appartement. Het was al bijna zes uur.

De meester hield het boekje van Coco omhoog. 'Wat zullen we hiermee doen?' vroeg hij.

'Bewaren jullie het maar,' antwoordde Rosa.

De meester knikte. Hij gaf het boekje aan Julia. 'Verstop het maar ergens op je slaapkamer,' zei hij. Tegen Rosa zei hij: 'Kom, ik breng je naar huis.'

HOOFDSTUK 14

PRULLENBAK

Julia had de hele avond samen met meester Manuel aan tafel zitten puzzelen. Ze hadden allerlei sleutelwoorden uitgeprobeerd, maar niets werkte.

'Als ze slim zijn, hebben ze een heel gek woord gekozen,' zei Julia. 'Een woord waar je nooit zomaar op zou komen, zoals "hotseknots".'

Meester Manuel lachte. 'Of "sycofant",' zei hij. 'We zouden alle woorden uit het woordenboek kunnen proberen. Maar dat duurt jaren. Misschien wel eeuwen. En dan hebben we de zelfverzonnen woorden nog niet eens gehad.'

'Wat zijn jullie toch aan het doen?' vroeg mevrouw Lopez. Ze zat op de bank met een boek over de president op haar schoot.

'Gewoon een puzzel,' zei Julia vlug.

Haar moeder reageerde niet eens op het antwoord. 'Wist je dat de president aan zijn eigen elleboog kan likken?' vroeg ze.

Julia keek haar moeder ongelovig aan.

'Dat is echt waar,' zei mevrouw Lopez. 'Dat staat in dit boek. Er zijn niet veel mensen die dat kunnen. Hij kan ook zijn oren laten wiebelen. Zowel zijn linker als zijn rechter. Dat is echt heel moeilijk.'

Julia rolde met haar ogen. 'Interessant, mam!'

Het was even stil, tot haar moeder zei: 'Moet je dit eens proberen! Til je rechtervoet op. Maak met deze voet cirkels, met de klok mee. Schrijf tegelijkertijd met je rechterhand een 6 in de lucht. Begin bovenaan, zoals het hoort.' Terwijl ze het zei, probeerde ze het tevergeefs voor te doen. 'Dat is heel moeilijk, kan ik je vertellen.'

'Leuk, mam,' zei Julia.

'Onze Pablo kan dat,' zei mevrouw Lopez. 'Het is echt een zeldzame gave.'

Meester Manuel keek op zijn horloge. Toen zei hij tegen Julia: 'Het is tijd om naar bed te gaan.'

Julia stond op en gaf haar moeder een kus.

'Wist je dat Pablo Fernando zijn vuist in zijn mond kan stoppen?' vroeg mevrouw Lopez.

'Heeft hij zo'n grote mond of zulke kleine handjes?' vroeg Julia, terwijl ze opstond.

'Dat is niet grappig,' antwoordde mevrouw Lopez. Ze keek haar dochter streng aan. 'We hebben het hier over de president. Misschien wel jouw toekomstige schoonvader.'

Julia grinnikte. 'Dan zal ik maar vast beginnen met oefenen,' zei ze.

Toen ze in bed lag, kwam meester Manuel nog even naar haar kamer. Hij schoof de gordijnen dicht en ging op de rand van haar bed zitten.

'Denk jij dat Coco een spion is?' vroeg Julia zacht.

'Dat zou kunnen,' antwoordde de meester. 'Er is in elk geval iets vreemds aan de hand. Meester Gabriel is ontvoerd, maar er is geen losgeldbrief.'

'Wat zouden ze willen?' vroeg Julia.

Meester Manuel dacht na en zei toen: 'Hij woont op het paleis. Waarschijnlijk weet hij dingen die niet veel andere mensen weten. Misschien is hij daarom ontvoerd.'

Ze waren even stil. Door het open raam klonken geluiden van de straat. Een motor die snerpend voorbijreed. Getoeter van auto's in de verte. En het vrolijke geluid van lachende en pratende mensen op het terrasje aan de overkant. De houten windgong op het balkon klepperde rustig. Het was ook een Fernando-beeldje. Meester Manuel had hem een keer voor mevrouw Lopez gekocht. Kleine houten banaantjes tikten tegen zijn voeten. Het maakte een geruststellend geluid waar Julia vaak naar luisterde als ze niet kon slapen.

'Stel dat we hem terugvinden...' zei Julia. Ze maakte haar zin niet af.

'Dan ga ik gewoon terug naar mijn eigen school,' zei meester Manuel.

'Vind je dat niet erg?'

De meester schudde lachend zijn hoofd. 'Ik had het erg naar mijn zin op school. We gaan er alles aan doen om meester Gabriel terug te vinden. Dat beloof ik je.' Hij aaide Julia over haar hoofd.

'Ik heb het boekje van Coco in de prullenbak gegooid,' zei Julia.

Meester Manuel keek haar verbaasd aan.

'Helemaal onderin,' zei Julia met glinsterende ogen. 'Niemand die daar gaat zoeken.'

Er verscheen een glimlach op het gezicht van de meester. 'Pas maar op,' zei hij. 'Straks gooit je moeder het nog weg.'

Julia gaapte. 'Ik ga morgen een betere verstopplek verzinnen,' zei ze. Nu pas merkte ze hoe moe ze was.

Meester Manuel stond op en liep naar de deur. 'Welterusten,' zei hij, terwijl hij het licht uitdeed.

'Welterusten,' mompelde Julia. Het duurde niet lang voor ze sliep.

Het was kwart over drie toen Julia wakker werd. Ze moest plassen. Elke nacht moest ze er wel een keer uit om naar de wc te gaan.

Slaperig deed ze het licht aan en stapte uit haar bed. Het was stil buiten. Ze hoorde alleen het klepperende geluid van de windgong en een krijsende vogel in de verte. Half slapend strompelde ze door de gang naar de wc.

Ineens herinnerde ze zich alles weer. Meteen was ze klaarwakker. Coco! Haar buurvrouw. De spion. Zou ze thuis zijn? Zou ze weten dat zij het boekje nu had? Met spionnen wist je het maar nooit.

Opeens bedacht ze zich iets vreselijks. Wat als Coco de reservesleutel van meester Manuel had?

Dan kon ze zo naar binnen! Waarom had ze daar niet eerder aan gedacht?

Gister was het allemaal niet eens zo eng geweest, maar nu was het midden in de nacht en ze woonde naast een spion. Ze rilde, stond op en verliet de wc zonder door te trekken.

Met bonzend hart sloop ze door de gang terug. Ze wilde zo snel mogelijk weer naar bed. Het viel vast mee, hield ze zichzelf voor. Coco was waarschijnlijk

niet eens thuis. En als ze wel thuis was, wist ze waarschijnlijk niet dat het boekje miste. Vlug glipte ze haar kamer in, maar op de drempel verstijfde ze.

Bij het raam stond een man. Hij had een snor en droeg een grote, donkere zonnebril. Hij had een zwarte hoed op en zijn gezicht ging grotendeels schuil achter de kraag van zijn donkere jas. Even keek hij haar recht aan.

Julia gilde.

De man klom vlug door het raam naar het balkon.

Julia hapte naar adem. Ze kon zich niet herinneren dat ze ooit eerder zo was geschrokken. Haar hart ging als een waanzinnige tekeer.

Wie was die man? Wat deed hij op haar kamer?

Vlug rende ze naar het raam en keek naar buiten.

Het balkon was leeg. Het raam van de woonkamer, die zich naast haar slaapkamer bevond, stond open. De gordijnen wapperden zachtjes in de wind en de windgong klepperde rustig, alsof er niets gebeurd was.

Waar was de man gebleven? Was hij de woonkamer in geglipt? Was hij naar Coco's balkon geklommen? Of omlaag via de regenpijp?

'Wat is er aan de hand?' Achter haar klonk de stem van meester Manuel.

Met een ruk draaide Julia zich om.

Op de drempel van haar kamer stond de meester. Hij zag er slaperig uit. Hij droeg een Fernando-pyjama en zijn haren stonden alle kanten op. 'Ik hoorde je schreeuwen,' fluisterde hij zacht. 'Heb je eng gedroomd?'

Julia vloog hem in de armen. 'Er was een man in mijn kamer,' zei ze. 'Hij had een snor en droeg een grote zonnebril.' Toen begon ze te huilen.

'Een man?' vroeg meester Manuel verbaasd. Ineens was hij klaarwakker. 'Hoe zag hij eruit?' Hij keek Julia bezorgd aan.

'Het ging heel snel,' zei ze. 'Maar hij droeg een hoed en een jas met een hoge kraag.'

'Waar ging hij naartoe?' wilde de meester weten.

Julia wees op het balkon. 'Hij sprong uit het raam en daarna is hij verdwenen.'

Meester Manuel stond op en liep naar het venster. 'Hij kan ook via de woonkamer ontsnapt zijn,' zei hij terwijl hij naar buiten keek.

'Dat had ik ook al bedacht,' antwoordde Julia.

Vlug draaide de meester zich om en rende Julia's kamer uit.

'Wat ga je doen?' vroeg Julia. Ze liep hem achterna.

Meester Manuel snelde naar de woonkamer, deed het licht aan en keek haastig in het rond. Achter de bank. De gordijnen. Onder de tafel. In het hoekje naast de kast. 'Hij is hier niet,' fluisterde hij teleurgesteld. Zijn gezicht stond ernstig.

'Was het een spion?' vroeg Julia bezorgd.

Meester Manuel antwoordde niet. Hij staarde uit het raam en dacht diep na. Toen riep hij ineens: 'Het boekje! Waar is het boekje?'

Julia rende onmiddellijk naar haar slaapkamer, struikelde bijna over haar schoenen en de broek die ze de vorige avond achteloos op de grond had laten vallen. Met bonzend hart gooide ze de prullenbak leeg. Haastig zocht ze tussen het afval. Het boekje was weg!

Meester Manuel, die achter haar aan was gekomen, stond in de deuropening en staarde haar met een verschrikte blik aan.

'Ik had het zo goed verstopt!' riep Julia met overslaande stem.

De meester knikte ernstig. 'Volgens mij worden we

afgeluisterd,' zei hij. 'Hoe kon hij anders weten dat wij het boekje hadden? En waar jij het had verstopt?'

Julia rende naar meester Manuel en begon opnieuw te huilen.

De meester aaide haar over haar hoofd. 'Wees maar niet bang,' zei hij. 'Je hebt het goed gedaan. Morgen ga ik meteen met de president praten. Ik weet zeker dat hij dit grondig zal laten onderzoeken.'

Julia keek hem aan. 'Maar wat zeggen we tegen mama?' vroeg ze.

'Niets,' antwoordde meester Manuel.

Dat was een goed idee. Haar moeder praatte nogal graag. Ze kakelde maar door. Over zo'n beetje alles en tegen zowat iedereen die maar wilde luisteren.

De meester liep naar het raam en sloot het. 'Probeer nu nog maar even te slapen,' zei hij. 'Ik denk niet dat hij nog terugkomt, maar ik zal voor de zekerheid alles goed afsluiten.'

Julia ging weer in haar bed liggen. 'Had Coco de reservesleutel van ons huis?' wilde ze weten.

Meester Manuel schudde zijn hoofd. 'Wees maar niet bang,' zei hij met een glimlach. 'Die heb ik haar nooit gegeven. Er is bij ons altijd wel iemand thuis, dus dat leek me niet zo nodig.'

Julia zuchtte opgelucht.

De meester stopte haar in. 'Alles komt goed, dat beloof ik je.'

Julia schreef nog snel een berichtje aan Rosa. Daarna viel ze in slaap.

HOOFDSTUK 15
ZOENEN

Julia werd de volgende ochtend om negen uur wakker. Het duurde niet lang of ze herinnerde zich alles weer. Snel pakte ze haar telefoon. Rosa had nog niet geantwoord. Misschien sliep ze nog.

Ze dacht aan de man met de snor. Wie was hij? Waar zou hij nu zijn? Wat zou hij doen? Spionnen waren doodnormale mensen, wist Julia. Met heel gewone levens.

- Misschien was hij sinaasappels aan het persen voor zijn kinderen.
- Misschien stond hij te zingen onder de douche met een shampoofles als microfoon.
- Misschien was hij met zijn moeder aan het bellen.
- Misschien zat hij op de wc en had hij net ontdekt dat het wc-papier op was.
- Misschien zat hij op zijn werk een mop te vertellen waar niemand om lachte.

Spionnen hadden heel gewone banen. Ze werkten als buschauffeur, boekhouder of postbode. Niemand wist wat ze naast hun werk allemaal uitspookten.

Julia schrok op uit haar gedachten toen haar telefoon begon te zoemen. Vlug keek ze op het schermpje. Ze had een berichtje van Rosa.

Ik kom je meteen ophalen!

Julia antwoordde direct:

Goed! Ik sta zo klaar!

Haastig sprong ze uit bed, trok haar kleren aan en rende naar de keuken. Haar moeder zat in haar badjas aan tafel te ontbijten. Ze at cornflakes uit een kommetje, terwijl ze in een boek bladerde.

Julia ging aan tafel zitten. 'Waar is meester Manuel?' vroeg ze.

Mevrouw Lopez keek op uit haar boek. 'Die is alvast naar het paleis. Hij moest nog wat regelen, geloof ik.'

Julia pakte een broodje en sneed het doormidden. 'Ik ga zo meteen naar Rosa,' zei ze. 'Ze komt me ophalen.'

Haar moeder glimlachte. 'Weet je wat ik nou zo leuk vind,' zei ze. 'Het is net of we de familie al jaren kennen. Ik heb echt het gevoel dat we een klik hebben.'

Julia antwoordde niet. Ze at vlug haar broodje op. Rosa kon ieder moment voor de deur staan.

'Mag ik je een tip geven?' vroeg mevrouw Lopez.

Julia dronk haar glas met melk in een teug leeg. 'Nou, liever niet,' zei ze, terwijl ze haar melksnor met de rug van haar hand wegveegde.

Maar haar moeder deed of ze niets gehoord had. 'Waarom ga je niet eens iets met Fico doen? Gewoon met z'n tweetjes. Die jongen is helemaal stapel op je. Echt waar, dat zie je aan alles.'

Ze stond op en liep naar de woonkamer. Een paar tellen later was ze alweer terug. 'Dit moet je echt eens lezen, Juul.' Ze legde een boekje op tafel:

Zoenen in 5 stappen. Mevrouw Lopez keek haar dochter opgewonden aan. 'Hierin staat alles wat je moet weten. De eerste zoen is echt belangrijk. Je krijgt maar één kans om indruk te maken. Zeker op de toekomstige president.'

'Hou op, mam!' riep Julia. 'Fico is helemaal niet verliefd op mij.'

‘Maar jij wel op hem, of niet?’ Ze keek Julia met twinkelende ogen aan.

‘Nee. Sorry.’

‘Nou dat komt dan wel vanzelf.’ Haar moeder bladerde door het boek. ‘De meeste mensen zoenen fout, wist je dat? Die doen het zo.’ Ze tuitte haar lippen. ‘Dat kan dus echt niet. Daar krijg je van die kwaakgeluiden van. Dat moet je niet willen. Behalve als je met Donald Duck staat te zoenen, natuurlijk.’ Ze begon hard te lachen.

‘Mam, stel je niet zo aan,’ riep Julia. ‘Dit is gewoon gênant.’

‘Lees dit boek nou maar,’ zei mevrouw Lopez rustig. Ze aaide met haar vlakke hand over de kaft. ‘Hiermee verleid je iedere man. Neem dat maar van mij aan.’

‘Succes, mam,’ zei Julia, terwijl ze opstond. ‘Ik moet gaan.’

Ze rende naar de badkamer en poetste haar tanden. Buiten toeterde een auto. Dat moest Rosa zijn.

‘Hoe zag hij eruit?’ vroeg Rosa toen Julia even later bij haar in de limo stapte.

‘Hij droeg een zonnebril en een hoed,’ zei Julia. ‘En hij had een snor.’

'Heb je hem wel eens eerder gezien?'

Julia maakte haar gordel vast. 'Ik weet het echt niet,' zei ze. 'Het ging zo snel.'

Onderweg naar het paleis bleef Rosa vragen stellen. Heeft hij nog wat gezegd? Weet je zeker dat het een man was? Denk je dat hij zaterdag op het feestje was? Was hij gewapend? Wat voor schoenen had hij aan? Had hij een geurtje op? Vond je het eng?

Julia probeerde alle vragen te beantwoorden, maar wist niet veel.

'Ik heb meester Manuel net al even gesproken,' zei Rosa. 'We gaan zo samen naar mijn vader. Dan vertellen we hem alles.'

Julia knikte.

'Jij moet erbij zijn. Jij bent de enige die hem gezien heeft,' zei Rosa. 'En weet je wat ik aan mijn vader ga vragen?' Ze keek Julia enthousiast aan. 'Ik ga vragen of jullie op het paleis mogen komen wonen. Dat is veel veiliger.'

Julia glimlachte. 'Het is in elk geval gezelliger,' zei ze. 'Maar we moeten wel oppassen. Ook in het paleis zitten spionnen.'

HOOFDSTUK 16

BLING BLING

‘Kan ik u heel even storen, Super Pablo?’ De minister van Verkeer stond in de grote werkkamer van de president. Hij had een keurig verzorgde grijze krulsnor die kwiek omhoogkrulde.

‘Moet dat nu?’ bromde Pablo. ‘Je ziet toch dat ik hard aan het werk ben?’

‘U bent altijd aan het werk,’ zei de minister. ‘Ik heb wat papieren voor u.’

De president zat op de sofa en staarde ingespannen naar een grote televisie. Op het scherm sprong een klein presidentje wild op en neer.

‘Ik ben al bij level 2,’ zei de president zonder op te kijken. Zijn vingers vlogen over de knoppen van zijn controller. ‘Ik vecht tegen het gemene monster Max Romero.’

‘Dat is geweldig,’ zei de minister. ‘Kunt u hier vandaag even naar kijken?’

De president draaide zich om en bekeek vluchtig

het pak papier in de handen van zijn minister. 'Moet ik dat allemaal lezen?'

'Het gaat over de wegen in Costa Banana. De meeste zijn in slechte staat. Vooral in het oosten van het land. De inwoners van Santa Rosa –'

'Het kan me niet schelen wat de inwoners van Santa Rosa vinden,' zei de president, terwijl hij een heleboel vuurballen op een groene schildpad afschoot.

'Dat begrijp ik, Super Pablo.'

'U kunt gaan, minister,' zei de president. 'En stoor me voortaan niet meer met dit soort onzin.'

'Zoals u wilt.' De minister maakte een buiging en verliet de werkkamer.

De president zuchtte diep. Altijd vielen ze hem lastig met grote pakken papier. En dat moest hij dan allemaal lezen. Waarom konden ze het niet eenvoudig houden? Eén A4'tje was toch meer dan genoeg?

'Kan ik u even storen, Super Pablo?' Ditmaal was het adjudant Diego.

'Nu even niet!'

'Uw gast is er.'

De president keek zijn adjudant geïrriteerd aan. 'Welke gast?'

'Rapper Bling Bling, president.'

Het gezicht van de president klaarde op. 'Bling Bling?' riep hij. Er verscheen een grote glimlach op zijn gezicht. 'Laat hem meteen binnen!'

Diego knikte en liet de rapper binnen.

'Yo, Pablo!' riep Bling Bling.

De president was even in de war. Hij was het niet gewend om zo aangesproken te worden. Meestal noemden mensen hem groot, geweldig en verheven en niet gewoon 'yo'.

Bling Bling begon te lachen. 'Jij bent die grote gangsta, man.'

De president knikte. 'Ga zitten,' zei hij. Hij wees

op een van de grote fauteuils in de hoek van zijn werkkamer.

Bling Bling liep naar de stoel en liet zich erin zakken. Hij was een grote, forse man. Zijn complete gebit was van goud en zijn armen zaten volledig onder de tattoos. Op zijn vuisten had hij de naam van de president laten zetten. Op iedere vinger een letter:

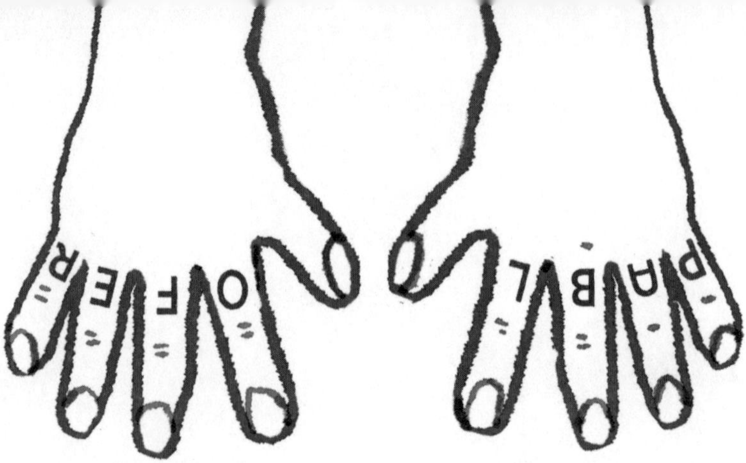

De rest van de naam paste er niet op, maar daar was hij pas achter gekomen toen zijn vingers al vol waren.

'Wij gaan samen een rap schrijven,' zei de president. Hij hief zijn wijsvinger en keek de rapper strak aan. 'Maar dat is geheim. Top secret. Niemand mag het weten.'

Bling Bling begon te lachen. 'Ja, man,' riep hij vrolijk. 'Top secret, man.'

'Het wordt een volkslied,' zei de president trots, terwijl hij tegenover de rapper ging zitten. 'Er is geen enkel land met een rap als volkslied. Het is uniek. Wij zullen de wereld veranderen.'

Bling Bling knikte. Hij pakte een kladblokje uit zijn zak en begon met een klein potloodje te schrijven.

'Kan ik u even storen, Super Pablo?' Het was adjudant Diego nog een keer.

'Wat nu weer?' riep de president. 'We zijn bezig. We schrijven een rap.'

'Meester Manuel wil u spreken.'

'Kan dat niet een andere keer?'

'Hij zegt dat het dringend is.'

'Hoezo?'

'Er was vannacht een spion in hun huis.'

De president fronste zijn wenkbrauwen. 'Een spion?'

'Meester Manuel heeft iets ontdekt. Hij wil het u graag persoonlijk vertellen.'

'Laat hem binnen,' zei de president met een zucht.

Even later stond meester Manuel in de werkkamer. Rosa en Julia waren met hem meegekomen.

'Ik heb het druk,' zei de president. Hij leunde achterover in zijn fauteuil. 'We zijn met iets heel geheims bezig.'

'Dank u voor uw tijd, Super Pablo,' zei meester Manuel. 'Rosa en Julia hebben iets heel belangrijks ontdekt.'

'Vertel,' zei de president onrustig.

'Het is geheim,' zei meester Manuel, terwijl hij naar Bling Bling keek.

'Bling Bling is mijn persoonlijke rapper,' zei de president. 'Ik wil dat hij erbij blijft.'

Meester Manuel haalde zijn schouders op en knikte naar Rosa. Ze deed een stapje naar voren en vertelde haar vader alles wat ze te weten waren gekomen. Over de geheime boodschap in de brief van meester Gabriel. Over zijn dagboekje. Over Coco en het codeboekje dat ze verstopt had in haar deur. 'Ik denk dat meester Gabriel ontvoerd is,' zei ze tot slot. 'En die Coco heeft er iets mee te maken.'

De president knikte. Hij hield zijn hand op. 'Laat dat boekje eens zien.'

'Het is vannacht gestolen,' zei meester Manuel ernstig. 'Julia heeft de dief gezien.'

De president keek Julia aan. 'Is dat zo?' vroeg hij.

'Het was een man met een snor,' zei Julia. 'Hij had een grote zonnebril en een hoed op.'

'Weet je wie het was?' vroeg de president.

Julia schudde haar hoofd. 'Het ging heel snel. Voor ik het wist, was hij alweer weg.'

De president krabde aan zijn kin. 'Haal Pepito,' zei hij toen tegen zijn adjudant.

'Pap?' vroeg Rosa. 'Is het goed als Julia en haar familie hier komen logeren? Dat is misschien veiliger.'

Er verschenen denkrimpels op het voorhoofd van de president.

'Misschien komt de dief terug,' zei Rosa vlug.

'Goed,' zei de president. 'Diego zal meteen een suite voor hen gereedmaken.'

Op dat moment kwam Pepito binnen. Hij plukte zenuwachtig aan zijn snor. 'U had mij geroepen, Super Pablo?'

'Dat klopt,' zei de president. En tegen Rosa, Julia en meester Manuel zei hij: 'Jullie kunnen gaan. Ik heb het druk.'

HOOFDSTUK 17

FERNANDO-WINKELTJE

De limousine bracht Rosa en Julia meteen weer terug naar het huis van meester Manuel. Rosa zou Julia en haar moeder helpen met de koffers. Ze hoefden niet veel mee te nemen: alleen wat kleren en persoonlijke spulletjes.

De meester bleef op het paleis. Over een week begonnen de lessen weer en hij moest nog veel voorbereiden.

'Zijn jullie nu al terug?' vroeg mevrouw Lopez verbaasd toen Rosa en Julia binnenkwamen.

'We komen spullen halen,' zei Julia. 'We gaan logeren. Op het paleis. Jij en ik en meester Manuel.'

Mevrouw Lopez kon haar oren niet geloven. 'M-meen je dat?' stamelde ze. 'Wij met z'n drietjes?'

Julia knikte. Het leek haar nog steeds beter om haar moeder niets te vertellen over de man met de snor.

‘O, wat fantastisch,’ riep mevrouw Lopez. Ze straalde. ‘Ik wist het!’ riep ze opgetogen. ‘De president is gewoon gek op ons. Zie je wel, Julia, we worden één grote familie.’

Julia nam Rosa snel mee naar haar kamer. Na vijf minuten waren ze al klaar.

Mevrouw Lopez had meer tijd nodig. Die liep driftig door het appartement heen en weer met

allerlei spullen. Haar hoofd was knalrood en ze praatte voortdurend in zichzelf. 'Zo, die nemen we mee... En de Fernando-klok moet ook nog mee... De make-upspullen... Onze Fernando-badjassen. Wat denk je, Juul, zal ik wat verrassingseieren meenemen voor Fico?'

'Doe niet zo raar, mam,' zei Julia, terwijl ze haar koffer sloot en in de gang neerzette. 'Hij gaat toch geen verrassingsei eten waar zijn vader in heeft gezeten?'

'Jawel, dat is toch leuk? Ik wou dat mijn vader vroeger in een verrassingsei had gezeten. Dat is iets om trots op te zijn. Er zijn niet veel mensen die in een verrassingsei terechtkomen. Daarvoor moet je echt wat gepresteerd hebben.'

'Geloof me, mam, dat is niet cool!'

Rosa lachte. 'Zullen we een potje schaken?'

'Goed idee,' zei Julia, terwijl ze het schaakspel uit de kast pakte. 'M'n moeder is voorlopig toch nog niet klaar.'

Ze namen het spel mee naar het balkon. Daar gingen ze tegenover elkaar aan tafel zitten. Vlug zetten ze de stukken op het bord.

Rosa en Julia speelden snel. Een halfuur zaten ze zwijgend te schaken. Het ging gelijk op, tot Julia Rosa's toren sloeg en Rosa diep moest nadenken over een slimme tegenzet.

Julia keek naar beneden. Het was een prachtige dag. De zon scheen en veel mensen hadden nog vakantie. Het terrasje aan de overkant zat vol en het gonsde er van de gesprekken.

Af en toe reed er een scooter langs. Een bananenverkoper duwde een handkar vol bananen voor zich uit. Een man met een snor, een grote zonnebril en een hoed liep in de richting van het Fernando-winkeltje.

Julia voelde het bloed uit haar gezicht wegtrekken en hapte naar adem. Dat was hem! De man met de snor! Hij droeg een andere hoed, maar dezelfde zonnebril. En hij had precies zo'n snor.

'Dat is hem,' fluisterde ze.

Rosa keek op van het schaakbord. 'Wie?'

'De man met de snor,' zei Julia hees. Ze wees naar het Fernando-winkeltje. 'Hij ging daar net naar binnen.'

'Weet je het zeker?'

'Absoluut.'

Gespannen hielden ze de ingang van het winkeltje in de gaten. Na een paar minuten kwam de man alweer naar buiten. Hij droeg een papieren zak. Waarschijnlijk had hij iets gekocht.

'We moeten hem volgen,' fluisterde Rosa.

Ze schoten overeind.

De man liep snel en verdween algauw tussen de mensen.

'Het heeft geen zin,' zei Julia teleurgesteld. 'Die vinden we nooit meer terug.' Ze staarde naar het winkeltje. Toen zei ze plotseling: 'Wacht eens even... Coco werkt daar!'

Rosa keek Julia verbluft aan. 'Echt waar?'

'Zeker weten,' zei Julia.

Ze keken naar de ingang. Er kwam een man naar buiten met een grote bos grijze krullen. Hij had een kortgeknipt baardje en droeg een zilverkleurig uilenbrilletje. Hij klopte zijn pijp leeg tegen de muur van de winkel en begon hem opnieuw te stoppen. Daarna stak hij hem aan en bleef nog even rustig staan roken.

Julia wees op de man. 'Dat is Coco's baas,' zei ze. 'Hij is de eigenaar van het winkeltje.' Er verscheen een frons op haar voorhoofd. 'Stel dat Coco echt een spion is... en ze werkt in dat winkeltje... De man met de snor komt daar om spullen te halen...'

'Misschien gebruiken ze dat winkeltje,' zei Rosa.

Ze keken hoe de man zijn pijp rookte.

'Het kan toeval zijn,' zei Julia.

'Klopt,' zei Rosa. 'Maar toch wil ik wel eens in dat winkeltje kijken.'

Julia keek haar aan. 'Nu meteen?'

'Nee, straks. Met Fico's vlieg.'

'Denk je dat hij meegaat?' vroeg Julia.

'Nee,' zei Rosa. 'Bling Bling is er, die rapper. Fico gaat nu echt niet mee.'

'Misschien morgen?' opperde Julia.

'Daar ga ik niet op wachten. We lenen die vlieg gewoon.'

'Denk je dat hij dat goedvindt?'

Rosa grinnikte. 'Nee, absoluut niet. Maar hij zal er niets van merken. Als we klaar zijn, leg ik hem weer netjes terug.'

'Kun jij zo'n ding besturen dan?'

Rosa haalde haar schouders op. 'Geen idee,' zei ze. 'Ik heb het nog nooit geprobeerd. Maar zo moeilijk kan het toch niet zijn?'

'Komen jullie?' riep mevrouw Lopez vanuit de hal. 'Ik ben klaar!'

HOOFDSTUK 18

VLIEGENMEPPER

De zwarte limousine stond nog altijd voor het gebouw te wachten. Rosa, Julia en mevrouw Lopez stapten in. De autoruiten waren van donker glas. Mevrouw Lopez vond dat erg jammer. Nu kon niemand haar zien zitten in die deftige auto.

De limo begon te rijden en nog geen tien minuten later stopte hij bij het paleis.

Rosa en Julia renden naar Fico's kamer en zochten haastig naar de vlieg.

Het duurde niet lang voor ze hem hadden gevonden. Fico bleek er vijf te hebben. Ze zaten in een klein doosje in een van zijn bureaulaatjes. Rosa pakte er een en samen renden ze door de gangen terug naar de limousine. Ze waren al halverwege toen Julia ineens bleef staan. 'Heb je niet zo'n ding nodig?' vroeg ze. 'Hoe heet dat... zo'n ding om hem te besturen?'

Rosa sloeg met haar hand tegen haar voorhoofd.

‘O ja, natuurlijk. De controller.’

Meteen renden ze terug. De controller lag in het onderste laatje. Toen ze zeker wisten dat ze alles hadden, holden ze zo snel ze konden naar de ingang van het paleis. De limo stond nog voor de deur. De chauffeur leunde tegen een palmboom en keek op zijn telefoon.

‘We zijn nog iets vergeten,’ zei Rosa. Ze hijgde van het harde lopen. ‘Kun je ons terugbrengen?’

‘Natuurlijk,’ antwoordde de chauffeur. Hij stopte de telefoon in zijn jaszak en liep naar de limo. ‘Stapt u in, dames,’ zei hij. Hij maakte een korte buiging en hield het portier voor hen open.

De limo bracht hen snel terug naar Julia’s huis. Rosa bedankte de chauffeur en stuurde hem terug naar het paleis. Ze zou hem bellen als ze hem weer nodig had. De man salueerde en reed weg.

Toen ze op het balkon kwamen, maakte Rosa het doosje open en zette de vlieg voorzichtig op tafel. Daarna nam ze de controller in haar handen. Het was een kastje met een beeldscherm, twee kleine hendeltjes en een paar knopjes.

Ze zette hem aan. Het duurde even, maar toen ze eindelijk verbinding had, verscheen er meteen een beeld op het schermpje.

‘Ik zie je,’ zei Rosa. ‘Je bent in beeld.’

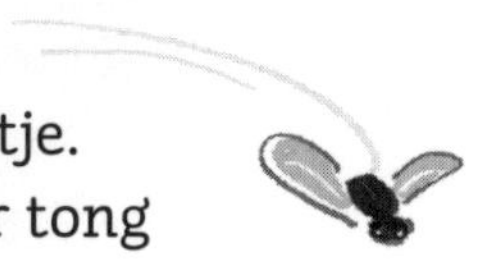

Voor op de vlieg zat een piepklein cameraatje. Julia boog zich naar het ding toe en stak haar tong uit.

Op het beeldscherm verscheen een reusachtige tong.

'Hij werkt,' zei Rosa. Ze was zenuwachtig. Ze had dit nog nooit eerder gedaan.

'Ben je er klaar voor?' vroeg Julia.

Rosa haalde diep adem en knikte. Voorzichtig duwde ze het linkerhendeltje naar voren. De vlieg schoot als een raket de lucht in.

'Niet zo snel!' riep Julia.

'Dat ging vanzelf,' zei Rosa. Ze minderde vaart en stuurde de vlieg weer naar beneden. Hij vloog nog steeds erg snel.

'Naar links!' riep Julia.

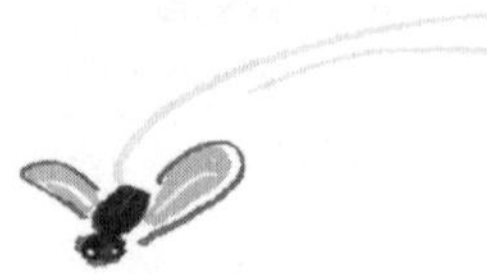

De vlieg ging recht op het terras af, dat vol zat met mensen. Er kwam een ober naar buiten. Hij droeg een dienblad met een bord soep erop.

'Links, omhoog, links!' gilde Julia.

Rosa kon de soep maar net ontwijken. Rakelings scheerde ze over het hoofd van een jongen met krullen. Als ze in die krullenbos terechtkwam, zou ze hopeloos verstrikt raken in het haar en zou de vlieg verloren zijn. Ze stuurde weer naar rechts en toen naar links en toen weer naar rechts. De vlieg reageerde snel en maakte scherpe bochten.

'Naar rechts, naar rechts!' riep Julia.

'Ik doe mijn best,' zei Rosa. De vlieg vloog zigzaggend in de richting van het winkeltje. Op het schermpje doemde de winkelruit op.

'Iets meer naar links!' gilde Julia.

Maar het was al te laat. De vlieg botste tegen het raam en zocht sputterend en brommend zijn weg langs het glas.

'Hij gaat zo snel,' zei Rosa. Ze stuurde de vlieg naar links. Zoemend, bonkend en botsend bewoog hij zich langs de ruit. Ze kon nu goed naar binnen kijken. Op het schermpje zag ze de man met de pijp. Hij stond achter de toonbank en had niets in de gaten.

De vlieg schoof langzaam op in de richting van de deur.

'Laat mij eens,' zei Julia.

Rosa schudde haar hoofd. 'Ik ben er bijna.' Ze trok het hendeltje naar achteren. De vlieg reageerde meteen en maakte een achterwaartse salto. Vlug stuurde ze hem naar links en toen naar voren, waarna hij het winkeltje binnenschoot. Recht op de man af.

'Kijk uit!' gilde Julia.

De vlieg schoot vlak voor zijn bril langs. Schampte de glazen met zijn piepkleine vleugeltjes en vloog nu met grote snelheid op het vitrinekastje af waarin de teennagel van haar vader op een luxe donkerpaars kussentje van pluche lag uitgestald. Rosa kon het niet meer ontwijken. De vlieg knalde er in volle vaart tegenaan. Pruttelend stortte hij neer.

Rosa duwde het hendeltje naar voren. Haperend en zoemend kwam de vlieg weer op gang. Ze liet hem een halve draai maken. Nu vloog hij weer recht op de man af.

'Je moet naar achteren,' riep Julia. 'Ik zag daar een deur.'

Rosa beet op haar lip. Er stonden zweetdruppels op haar voorhoofd. Ze wist waar ze heen wilde, maar de vlieg wilde niet echt meewerken. Ze had niet

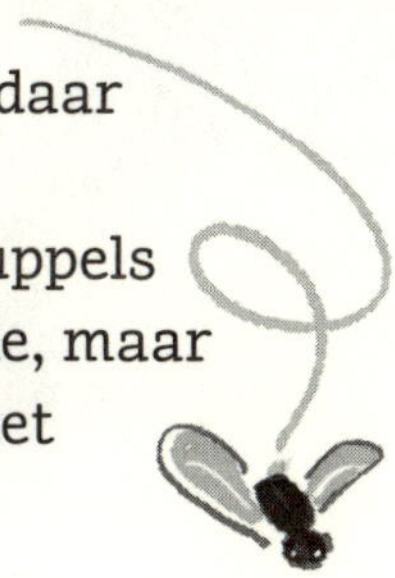

verwacht dat het zo moeilijk zou zijn om hem besturen. Als ze het Fico zag doen, leek het zo makkelijk. Alsof het vanzelf ging.

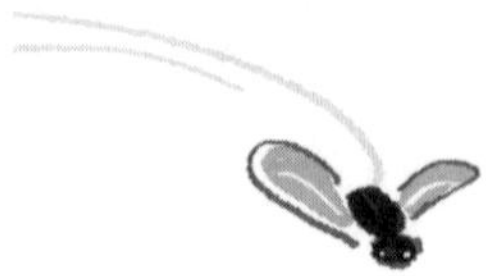

'Hij pakt een vliegenmepper,' riep Julia bezorgd.

Meteen daarna klonk er een hard zwiepend geluid.

Zwoesj

Een enorme blauwe vliegenmepper suisde door de lucht en miste de vlieg op een haar na.

Rosa stuurde hem naar links en toen naar rechts, maakte een rondje om het hoofd van de man. Op het beeldscherm zag ze zijn woedende ogen achter de ronde brillenglazen.

Zwoesj, zwoesj, zwoesj

De man mepte wild om zich heen.

Rosa vloog nu naar de achterkant van de winkel. Voor zich zag ze een deur opdoemen. Hij stond op een kier. Wat bevond zich daarachter? Een kantoortje? Een magazijn? Een keukentje? Als ze meer over dit winkeltje wilde weten, moest ze daarnaartoe.

Zwoesj

Rosa was nu bijna bij de deur.

'Voorzichtig! Een klein stukje naar links!' gilde Julia.

Ingespannen staarden ze naar het schermpje. Rosa liet de vlieg een klein stukje overhellen naar links en daarna liet ze hem door de kier van de deur glippen. 'Yes!' riep ze.

Julia klapte in haar handen van opwinding.

De vlieg was een klein kantoortje binnengevlogen. Rosa liet hem een rondje maken.

Er stond een stalen bureau, een paar boekenkasten vol ordners en een kapstok met wat jassen eraan. Op het bureau stonden een paar Fernando-beeldjes. Aan de muur hing een groot portret van de president.

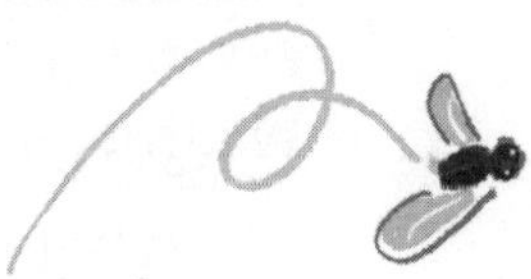

De man was inmiddels het kantoortje binnengekomen en loerde om zich heen.

Rosa zocht wanhopig naar een plek waar ze de vlieg ongezien kon laten landen. Op de boekenkast? Op een van de jassen aan de kapstok? Op de lijst van het schilderij?

De man had de vlieg inmiddels weer in de gaten

gekregen en haalde keihard uit met zijn vliegenmepper.

Vlug zwenkte ze naar links. Dat was op het nippertje. De vlieg ging nu recht op een grote geelbruine sliert af.

'Kijk uit!' gilde Julia. 'Dat is een vliegenstrip!'

Maar het was al te laat. In volle vaart vloog de vlieg tegen de reusachtige kleverige pijpenkrul. Aan zijn gezoem kwam meteen een einde.

Het was nu doodstil geworden in het kantoortje. Alleen als Rosa gas gaf, klonk het haperende gesputter van het piepkleine motortje.

Voor de camera verscheen een reusachtig oog. Het was groen, zag Rosa nu.

'Mooi zo,' mompelde de man. 'Blijf jij daar maar lekker hangen.' Hij draaide zich om en liep terug naar het winkeltje.

Rosa staarde naar het schermpje. Ze zag alleen de bovenkant van een boekenkast en een stukje plafond. Ze gaf opnieuw gas. De vlieg pruttelde.

'Zo maak je hem misschien kapot,' zei Julia.

'Fico zal woedend zijn,' zei Rosa. Ze wist dat het een slecht idee was geweest om de vlieg te lenen. Waarom had ze niet gewoon op haar broertje gewacht? Hij had beloofd hen te zullen helpen. Ze hadden er tenslotte om gewed. Met Fico hadden ze het winkeltje in alle rust kunnen doorzoeken. Die was zo goed met dat ding dat de man hem waarschijnlijk niet eens zou hebben opgemerkt.

Julia sprong op. 'Ik ga hem halen.'

'Nee, laat mij maar,' antwoordde Rosa. 'Het was mijn schuld.'

'Ben je gek!' zei Julia. 'Jij valt veel te veel op. Je bent de dochter van de president. Iedereen kent jou. Jij kunt nooit ongezien naar binnen.'

Rosa wist dat haar vriendin gelijk had. Ze wilde nog wat zeggen, maar Julia was al weg. Twee minuten later zag ze haar de straat oversteken en het winkeltje binnengaan.

HOOFDSTUK 19

FERNANDO-BEELDJES

Er klingelde een belletje toen Julia het winkeltje binnenstapte.

De man met de grijze krullen stond achter de toonbank. Hij had de blauwe vliegenmepper nog in zijn hand. 'Goedemiddag! Kan ik je helpen?' vroeg hij vriendelijk.

'Nee, dank u,' antwoordde Julia. 'Ik kijk even rond.'

Ze liep snel naar achter. Daar was de deur naar het kantoortje. Hij stond open. Ze had er zo naar binnen kunnen glippen als de man niet naar haar toe was gekomen.

'Zoek je iets speciaals?' vroeg hij.

'Nee, ik kijk even,' zei Julia weer. Ze stond voor een kast vol Fernando-knuffels. Sommige op ware grootte.

De man pakte er een. 'Deze vind ik persoonlijk erg mooi,' zei hij. Hij kneep in de buik van de pop. Er klonk een stem: 'Fernando is de man die alles kan.'

'Leuk,' zei Julia. 'Maar die heeft mijn broertje al.'

'Je zoekt dus iets voor je broertje,' zei de man. Hij pakte een Fernando-robot. 'Deze is ook leuk. Moet je zien: zo is het een robot.' Hij begon hem in elkaar te vouwen. 'En nu wordt het een tank. Geinig, nietwaar?'

Het winkelbelletje rinkelde. Er kwam iemand binnen. De man draaide zich om en liep naar de toonbank. 'Ik help je zo verder,' riep hij over zijn schouder.

Julia haalde diep adem. Dit was het moment. Ze rende naar de deur van het kantoortje en glipte naar binnen. Vlug klom ze op een stoel en stapte op het bureau. Ze moest oppassen dat ze de Fernando-beeldjes niet omverstootte.

Ze bekeek de vliegenstrip. Die zat vol hopeloos creperende bromvliegen die vergeefs worstelden om los te komen. Ze vond de robotvlieg al snel. Voorzichtig probeerde ze hem los te peuteren. Dat was niet makkelijk. Hij zat goed vast en ze moest voorzichtig zijn om hem niet te beschadigen.

Toen hoorde ze voetstappen op de houten vloer van de winkel. Ze kwamen snel dichterbij. Was de man nu al klaar?

'Hallo?' hoorde ze hem roepen.

Ze schrok. Hij zocht haar.

Meteen sprong ze van het bureau.

'Vreemd,' hoorde ze de man mompelen. 'Ze is weg.'

Julia staarde angstig naar de deur. Zou hij het kantoortje binnenkomen? Of zou hij in de winkel blijven? Ze durfde er niet op te gokken. Maar waar moest ze naartoe? Er was geen raampje waardoor ze kon ontsnappen. Geen kast waar ze in kon kruipen.

Toen viel haar oog op de kapstok. Het was de enige verstopplek die ze kon verzinnen. Zonder er verder bij na te denken sprong ze eropaf en verschool zich achter een lange jas.

Ze was maar net op tijd. Nog geen seconde later kwam de man binnen. Hij opende een kastje en haalde er een boekje uit.

Julia hoopte vurig dat hij daarmee naar de winkel terug zou gaan. Dan zou ze de vlieg kunnen pakken en een geschikt moment kunnen afwachten om er stiekem vandoor te gaan.

Maar dat gebeurde niet. De man ging achter zijn bureau zitten en stak zijn pijp aan. Rookwolkjes kringelden langzaam omhoog. De scherpe geur van tabak prikte in Julia's neus.

De man bladerde wat in het boekje en begon iets op een stukje papier te schrijven. Julia kon niet zien wat.

Er ging een kwartier voorbij. De man werkte rustig door. Hoelang zou hij hier blijven zitten? Julia's benen begonnen pijn te doen van het lange stilstaan. En de rook van de pijp kriebelde onaangenaam in haar keel. Ze durfde zich niet te bewegen. Het kleinste geluidje, het zachtste kuchje, zou zijn aandacht kunnen trekken.

Tot haar grote opluchting hoorde ze de winkelbel rinkelen. Meteen stond de man op en haastte zich de winkel in.

Julia slaakte een diepe zucht. Dit was haar kans. Vlug kwam ze achter de jas vandaan. Het liefst zou ze meteen wegrennen. Weg uit dit benauwde, rokerige hok. Weg uit dit winkeltje. Maar ze was hier niet voor niets. Ze was hier voor de vlieg. Snel klom ze op het bureau. Ze kon nu goed zien wat de man op het briefje had geschreven:

NO YBU IDB HEIZEA

Julia hapte naar adem. Vol ongeloof staarde ze naar de letters. Dat leek wel erg veel op de geheime code van Coco! Ze bekeek het boekje dat opengeslagen op zijn bureau lag. Er stond een schema in dat ze meteen herkende.

Ineens werd alles duidelijk. De winkel was een geheim hoofdkwartier. De man met de snor had hier zogenaamd iets gekocht. Maar waarschijnlijk kwam hij alleen een briefje halen. Een geheime opdracht. De man met de pijp moest de baas zijn. En Coco was waarschijnlijk zijn assistent.

Julia dacht razendsnel na. De man mocht haar niet vinden. Hij zou vast niet blij zijn als hij ontdekte dat ze in zijn spullen had zitten neuzen. Haastig probeerde ze de bromvlieg los te peuteren toen ze opnieuw voetstappen hoorde.

Hij kwam terug!

Ze sprong van het bureau en verstopte zich nogmaals achter de jas.

Ze zat er nog maar net toen de man opnieuw

binnenkwam. Hij ging achter zijn bureau zitten en begon weer te schrijven. Het duurde eindeloos tot hij een Fernando-beeldje pakte en het voetstuk eraf schroefde.

Julia was meteen alert. Vol verbazing zag ze hoe hij het briefje met de geheime boodschap oprolde en in het holle beeldje stopte. Ze zag hoe hij het voetstuk er weer opdraaide, opstond en het beeldje meenam naar de winkel.

Het was briljant. Niemand zou een Fernando-winkeltje verdenken. Niemand zou vermoeden dat de vijanden van de president hun geheimen in Fernando-beeldjes verstopten.

Ineens dacht ze weer aan de bromvlieg. Ze wilde op het bureau klimmen om hem te pakken toen ze een geweldig idee kreeg. De vlieg had een microfoontje. Als ze hem liet zitten, konden ze alles horen wat er in dit kantoortje besproken werd.

Fico zou vast boos zijn, maar dit was een gouden kans om meer te weten te komen over dit merkwaardige winkeltje. En wellicht ook over de verdwijning van meester Gabriel.

Julia liep naar de deur en zette hem op een kier. Voorzichtig gluurde ze de winkel in. De man stond weer achter de toonbank.

Ze sloop het kantoortje uit en verschool zich achter een van de stellingkasten. Haar hart ging wild tekeer. Deze man was vast gevaarlijk. Ze moest ongezien weg zien te komen.

HOOFDSTUK 20

DE FONTEIN

Julia gluurde naar de uitgang van de winkel. Als ze naar buiten wilde, moest ze langs de toonbank. En daar stond de man. Hij staarde in gedachten verzonken naar buiten met zijn pijp in zijn mond.

Er zat niets anders op dan te wachten. Wachten tot hij naar zijn kantoortje zou gaan.

De winkelbel ging. Er kwam een vrouw binnen met een zonnebril op. Ze maakte een praatje met de man, kocht een Fernando-beeldje en ging weer naar buiten. Daarna kwamen er een kale man met een grote tattoo op zijn arm, een oude vrouw met een poedel, twee kinderen van een jaar of tien en een moeder met een baby. Al die tijd bleef de man achter de toonbank staan.

Julia slaakte een zucht. Net, toen ze in het kantoortje zat, kwam er niemand. Nu was het ineens druk. Hoelang was ze hier eigenlijk al?

Ze schrok toen ze plotseling de telefoon in het kantoortje hoorde overgaan. Julia's hartslag versnelde. Was dit haar kans?

De man kwam achter de toonbank vandaan en liep gehaast naar achteren. Eindelijk.

Vlug verstopte ze zich tussen de Fernando-knuffels. De man kwam snel dichterbij. De pijp had hij nog altijd in zijn mond.

Julia hield haar adem in. Ze kromp ineen om zich zo klein mogelijk te maken. Dat had ze beter niet kunnen doen. Met haar elleboog stootte ze tegen de buik van een van de poppen. 'Fernando is de man die alles kan,' zei de pop.

De man schrok. Hij stond nu vlak bij haar en keek verbaasd naar de pop waarachter ze zich verstopt had. De man fronste zijn wenkbrauwen. Zijn ogen vernauwden zich tot spleetjes en het was net alsof hij haar recht aankeek.

De telefoon was gestopt met rinkelen. De man reikte met zijn hand naar de pop.

Julia verstijfde. Haar hart ging nu zo wild tekeer dat ze het in haar keel voelde bonken. Ze was erbij. De man zou haar vinden. En dan? Wat zou hij doen?

Net toen hij de pop wilde pakken, ging de telefoon opnieuw. Even bleef hij besluiteloos staan, maar toen draaide hij zich om en liep snel naar zijn kantoortje.

Julia haalde opgelucht adem. Het duizelde haar. Dat was echt op het nippertje. Vlug kwam ze achter de knuffels vandaan. Ze rende het gangpad door, langs de toonbank. De winkelbel klingelde toen ze naar buiten rende.

Ze knipperde met haar ogen tegen het felle

zonlicht en tuurde naar boven. Rosa zat nog op het balkon. Julia zwaaide naar haar en gebaarde dat ze naar beneden moest komen.

Rosa reageerde meteen. Snel verdween ze naar binnen en even later kwam ze hijgend het gebouw uit gerend.

'Is het gelukt?' vroeg ze. 'Het duurde zo lang.'

Julia schudde haar hoofd.

'Wat is er gebeurd?' vroeg Rosa. Ze klonk bezorgd.

'Dat vertel ik je straks,' fluisterde Julia. 'Ergens waar niemand ons kan horen.'

Rosa had meteen de chauffeur gebeld. Hij kwam zo snel mogelijk en twintig minuten later waren ze alweer terug op het paleis. Meester Manuel had onmiddellijk zijn werk in de steek gelaten. Ze waren de paleistuin in gelopen en op het bankje bij de fontein gaan zitten.

Dit was de ideale plaats om geheimen te bespreken. Ze zaten er beschut tussen de bomen en struiken en het geruis van het vallende water maakte afluisteren bijna onmogelijk.

Rosa had hier ook vaak met meester Gabriel gezeten als ze stiekem wilden overleggen. Het was er rustig en vredig. Tropische vogels kwetterden in de bomen. En aapjes slingerden van tak naar tak.

Julia begon meteen te vertellen. Over het winkeltje tegenover hun huis. Over de vlieg van Fico. Over de man met de pijp. Over de briefjes met geheime codes. En over de Fernando-beeldjes waarin ze verstopt zaten.

Meester Manuel keek haar verrast aan. 'En de vlieg?' vroeg hij toen. 'Waar is die nu?'

'Die heb ik expres laten hangen,' zei Julia. 'Dan kunnen we ze afluisteren.'

Meester Manuel knikte goedkeurend. 'Goed werk, Julia,' zei hij. Hij legde zijn hand op haar schouder. 'Heel goed.'

Rosa pakte een opschrijfboekje en maakte wat aantekeningen. 'Er zijn dus minimaal drie spionnen,' zei ze. 'De man met de snor, Coco en de man met de pijp.'

Julia knikte. 'De man met de pijp is waarschijnlijk de leider,' zei ze. 'Hij geeft de opdrachten, schrijft ze op een papiertje en verstopt ze in een beeldje. De man met de snor koopt zogenaamd zo'n beeldje en ontcijfert de boodschap.'

'Denk je dat zij meester Gabriel ontvoerd hebben?' vroeg Rosa aan meester Manuel.

'Dat zou kunnen,' antwoordde hij. Hij staarde in gedachten naar een enorme gele vlinder, die op de leuning van het bankje was gaan zitten.

'We moeten de president waarschuwen,' zei Julia.

Meester Manuel schudde zijn hoofd. 'Er zit een spion in het paleis, weten jullie nog? De brief van meester Gabriel werd gestolen tijdens het feest. Er zijn meer spionnen en we weten niet wie het zijn. Misschien is het Pepito. Of Diego? Of wie dan ook. Als we nu de president waarschuwen is er grote kans dat die spion dat hoort. Hij zal de anderen waarschuwen en daar schieten we niets mee op.'

'Wat moeten we dan doen?' vroeg Rosa.

'We gaan ze afluisteren,' zei meester Manuel. 'Met

de vlieg. Zodra we meer weten, waarschuwen we de president.'

'Ah, daar zijn jullie!' klonk een stem.

Geschrokken keken ze op.

Het was Fico. Hij stond in de schaduw van een grote kokospalm en keek hen boos aan. 'Iemand heeft een van mijn vliegen gejat,' riep hij woedend.

Meester Manuel wenkte hem. 'Kom er maar even bij zitten,' zei hij rustig. Hij legde zijn hand op de lege plek naast hem op het bankje.

'Wat hebben jullie ermee gedaan?' riep Fico. 'Ik wil hem nú terug.'

Meester Manuel vertelde Fico alles wat er gebeurd was.

Toen die hoorde dat zijn vlieg ergens in een winkeltje aan een vliegenstrip hing, werd hij nog bozer. Maar toen hij vervolgens ontdekte dat ze nu echte spionnen konden afluisteren, kalmeerde hij. 'Ik wil hem wel terug,' zei hij ernstig.

'Je hebt er nog vier,' zei Rosa.

'En toch wil ik hem terug.'

'Je krijgt hem terug,' beloofde meester Manuel. 'Zodra we weten wat ze van plan zijn, zal ik hem persoonlijk voor je gaan halen.'

HOOFDSTUK 21

VERRASSINGS-EIEREN

Ze begonnen meteen met afluisteren. Rosa had de controller waarmee ze de vlieg bestuurd hadden op haar bureau gelegd. Op het beeldschermpje zagen ze nog steeds alleen het plafond. Daar hadden ze niet veel aan. Maar via de speakers konden ze alles horen wat er in het kantoortje gezegd werd.

Ze zouden oordopjes gebruiken, want misschien werden ze zelf ook wel afgeluisterd. Een voor een zouden ze luisteren. En alles werd opgenomen. Ieder gesprek, elk geluidje, alles werd vastgelegd. Als ze iets te weten zouden komen, hadden ze meteen bewijs.

Fico wilde beginnen. Het was tenslotte zijn vlieg. Daarna namen Rosa en Julia het van hem over. En ten slotte was meester Manuel aan de beurt. Zo wisselden ze elkaar af. Er zou altijd iemand luisteren, zodat ze zeker niets zouden missen.

Het was verschrikkelijk saai werk. Het grootste deel van de tijd was het stil en hoorden ze helemaal niets. Af en toe klonk er wat gestommel. Het klikken van een nietmachine. Een lucifer die werd afgestreken. Een kopieerapparaat. Een stofzuiger. En soms hoorden ze de man met de pijp een liedje neuriën.

De eerste dagen kwamen ze niet veel bijzonders te weten.

Op dinsdag ontdekten ze dat de man met de pijp Ernesto heette. En dat hij knetterende scheten liet als hij dacht dat niemand hem hoorde.

Op woensdag kwamen ze erachter dat hij gek was op miniloempia's die hij elke avond liet bezorgen door een Chinees.

Op donderdag hoorden ze hem zoenen met een vrouw die Carmen heette.

Het was om moedeloos van te worden. Ze zaten nu al meer dan drie dagen te luisteren, maar waren nog bijna niets te weten gekomen.

Inmiddels was het vrijdagochtend. Rosa en Fico zaten met hun ouders in de eetzaal te ontbijten. Julia en mevrouw Lopez aten mee. Meester Manuel was afwezig. Hij was aan de beurt om te luisteren. Tegen de president had hij gezegd dat ze met een project voor school bezig waren. Een spionageproject waarbij ze om beurten moesten luisteren. Zeer geheim allemaal. En het was nog waar ook.

'Breng mij de krant,' riep de president toen hij zijn cornflakes ophad. Iedere ochtend las hij eerst de Costa Kanaria Courant. Hij wilde weten wat er allemaal gebeurde in het buurland en wat president Max Romero zoal uitspookte.

Een bediende bracht de krant op een gouden schaal. 'Alstublieft, Super Pablo,' zei hij, terwijl hij een buiging maakte.

De president pakte de krant. Hij fronste zijn wenkbrauwen toen hij zag wat er op de voorpagina stond. Haastig las hij het artikel. Zijn ogen schoten langs de regels. Zijn gezicht werd roder en roder.

'Wat heeft dit te betekenen?' brulde hij toen hij het stuk uit had. Hij sloeg met zijn hand op de krant en keek als een woedende stier om zich heen. Zijn ogen fonkelden en zijn neusvleugels trilden. 'Dit was mijn idee!' brieste hij. 'We worden bespioneerd. Iemand heeft ons verraden.'

Het was doodstil in de eetzaal. Niemand durfde iets te zeggen.

'Laat Pepito komen!' brulde de president.

Rosa pakte de krant uit haar vaders handen en las het artikel. Julia en Fico kwamen achter haar staan en lazen over haar schouder mee.

Dit is wat er stond:

COSTA KANARIA COUR

MAX ROMERO SCHRIJFT NIEUW VOLKSLIED

San Romero – ***Onze Grote Briljante President Max Romero heeft een nieuw volkslied geschreven. Het is een rap geworden. Dit is een uniek moment in de geschiedenis van de mensheid. Nooit eerder had een land een rap als volkslied.***

De inwoners van Costa Kanaria zijn door het dolle heen. Hun Fantastische Leider schreef een indrukwekkend gedicht waaruit maar weer eens blijkt hoe geweldig en bijzonder het land is. ‘Ik beschouw dit als mijn meesterwerk,’ aldus de president die tevens de uitvinder is van het beroemde gezelschapsspel mens-erger-je-niet. ‘Met dit volkslied geven we een boodschap af. We laten zien dat we hip en cool zijn. Het zou me niets verbazen als Pablo Fernando binnenkort ook met een rap komt. Die man kan niets anders dan na-apen met zijn minuscule reptielenbrein.’

De president liet weten binnenkort met een videoclip te komen die volledig op de maan zal worden opgenomen.

‘Hoe haalt hij het in zijn hoofd,’ foeterde de president. ‘En waar slaat dit op? “Uitvinder van het beroemde gezelschapsspel mens-erger-je-niet.” Laat me niet lachen. Dat was ik! En de maan, die is van mij!’

Rosa kon haar lachen moeilijk inhouden. Maar ze deed haar best. Als ze nu de slappe lach kreeg, zou haar vader alleen maar kwader worden. Met een ernstig gezicht sloeg ze een bladzijde om. Daar stond nog een artikel over Max Romero:

MAX ROMERO POPULAIR IN COSTA BANANA

San Fernando – Veel inwoners van Costa Banana wachtte vanochtend een grote verrassing toen zij hun verrassingseieren openmaakten. In plaats van een Fernando-speeltje vonden zij een Romero-speeltje in hun ei.

Het lijkt erop dat onze Grote Geniale Leider Max Romero fans heeft in Costa Banana. Dat is natuurlijk niet zo gek. Onze superleider is tenslotte de beste, grootste, geweldigste president ter wereld.

‘Heb je dit al gelezen?’ vroeg Rosa met een strak gezicht. ‘Ze hebben Romero-speeltjes in jouw verrassingseieren gevonden.’

‘Wat?’ riep de president. ‘Geef hier!’ Hij griste de krant uit haar handen en begon grommend te lezen.

‘Wie heeft dit gedaan?’ brulde hij toen hij klaar was. Hij smeet de krant op de grond en riep: ‘Laat een doosje verrassingseieren komen!’

De president was knalrood geworden. Buiten zichzelf van woede keek hij om zich heen. ‘Een reptielenbrein,’ riep hij. ‘Een drakenbrein, zal hij bedoelen. Mijn grootvader werd geboren uit een drakenei. Laat hem eens naar zichzelf kijken, met zijn garnalenkop.’

Op dat moment kwam er een bediende de eetzaal binnengerend. Hij droeg een gouden dienblad met daarop een doosje verrassingseieren. ‘Alstublieft, Super Pablo,’ zei hij, terwijl hij een buiging maakte.

De president opende het doosje en haalde er een ei uit. Haastig scheurde hij het folie eraf. Daarna kneep hij het fijn en opende vlug het plastic ei dat eruit tevoorschijn kwam. Met zijn kleine, dikke worstenvingertjes probeerde hij zo snel mogelijk het speeltje eruit te peuteren. Dat ging nog niet zo makkelijk, maar na een korte worsteling had hij het dan toch te pakken.

De president keek woest naar het speeltje dat hij tussen zijn vingers hield... Het was een Romero-

poppetje! President Romero met grote spierballen en een Vikinghelm op. 'Wat heeft dit te betekenen?' brieste hij. Zijn ogen schoten vuur. Schuimbekkend van drift keek hij om zich heen. 'Hoe kan dit? Wie heeft er aan mijn verrassingseieren gezeten?'

Vlug begon hij ook de andere eieren open te maken. Het folie rukte hij eraf. De eieren sloeg hij kapot op tafel, waarna hij het speeltje uit de plastic eieren trok. In ieder ei zat een Romero-poppetje.

De president werd steeds kwader.

Op dat moment kwam Pepito binnen. 'U had mij geroepen, Super Pablo?'

De president keek hem woest aan. 'Waar komen deze vandaan?' schreeuwde hij. Hij wees op de berg Romero-poppetjes op zijn bord. Ze lagen tussen de stukken chocola.

Pepito keek geschrokken. 'Dat kan niet,' riep hij.

'Blijkbaar kan het wel!' riep de president. Hij pakte de krant en hield hem voor Pepito's gezicht. 'En hoe weet hij dit? Dit was top secret. Weet je nog?'

Pepito plukte zenuwachtig aan zijn snor en staarde naar het artikel. 'Er is... een spion,' stamelde hij.

'Nou en of,' riep de president. 'Er is zeker een spion. En jij gaat hem arresteren.'

'Zeker, Super Pablo,' zei Pepito. 'Ik ga hier werk van maken. Nu meteen. Direct.'

De president was razend. Met driftige passen marcheerde hij de eetzaal uit, met zijn servet nog om zijn hals.

HOOFDSTUK 22
MAX ROMERO

Op dat moment las ook Max Romero de krant. President Romero was een lange man met een opvallend grote neus. Hij had een streng gezicht met een dun snorretje waarvan de punten naar boven krulden. Tussen zijn lange, dunne vingers hield hij een gouden sigarettenpijpje met een smeulende sigaret erin.

'Goed gedaan, Ernesto,' zei Max. Hij trok aan zijn sigaret. Er speelde een vals lachje om zijn mond.

Ernesto knikte bescheiden.

De president legde zijn hoofd in zijn nek en blies een rookwolkje in de richting van het plafond. 'Gaat alles naar wens in Costa Banana?' Zijn stem klonk kalm en zelfverzekerd.

Ernesto kuchte. 'Er zijn wat kleine problemen, Allergrootste President Aller Tijden.'

De president keek hem indringend aan met zijn donkerbruine ogen. 'Kleine problemen?'

'De kinderen van Pablo Fernando. Ze zijn te nieuwsgierig.'

Er viel een stilte. Max Romero keek Ernesto zwijgend aan terwijl hij opnieuw een trekje van zijn sigaret nam.

'Ze weten dat meester Gabriel ontvoerd is,' zei Ernesto vlug. 'Hij heeft een geheime boodschap in zijn brief achtergelaten.'

President Romero knikte terwijl hij de rook door zijn neus uitblies. 'Zijn zij jullie op het spoor?'

'Ze hebben een boekje met geheime codes in het huis van Coco gevonden. Gelukkig heeft een van mijn mannen het op tijd teruggehaald.'

'Denk je dat die kinderen voor meer problemen gaan zorgen?' vroeg president Romero.

'Dat denk ik niet, Allergrootste President Aller Tijden.'

Max Romero knikte. 'Die Pablo heeft een computerspel laten maken, is het niet?'

'Dat is correct,' antwoordde Ernesto.

'Vertel daar eens wat meer over.'

'Het heet *Super Pablo*. In dit spel moet Pablo een groot monster verslaan dat Max Romero heet,' legde Ernesto uit.

President Romero grijnsde. 'En wat heeft dat monster precies gedaan?'

'Het heeft Rosa ontvoerd, de dochter van Pablo Fernando.'

'Juist,' zei Max Romero. Hij stond zwijgend op en liep met grote passen naar een reusachtige landkaart die bijna de gehele wand van de bibliotheek bedekte.

Op de kaart stonden Costa Banana en Costa Kanaria volledig afgebeeld. Max Romero staarde een moment

zwijgend naar de kaart. Met zijn handen op de rug tuurde hij naar de twee landen. Het pijpje met de smeulende sigaret nog altijd tussen zijn vingers. Toen draaide hij zich om. 'Ontvoer Rosa en breng haar hierheen,' zei hij vastberaden.

'Weet u dat zeker?' vroeg Ernesto geschrokken. 'Ik bedoel... dat zou oorlog betekenen.'

Er verscheen een triomfantelijk lachje op het gezicht van de president. 'Dat denk ik niet. Pablo Fernando is een klein bang muisje. Die gaat heus geen oorlog beginnen. Bovendien: wij hebben dan zijn dochter. Als hij ons aanvalt, gaat zij eraan.'

'En wat wilt u daarmee bereiken?' vroeg Ernesto.

'Wij gaan haar ruilen voor een paar eilanden,' zei Max. 'Die eilanden daar.' Hij wees met zijn sigarettenpijpje naar de kaart. 'Ze horen eigenlijk bij Costa Kanaria. Dat weet iedereen. Dat is al zo sinds de oerknal. Het wordt tijd dat we ze terugkrijgen.'

'En dan laten we Rosa gaan?'

'Nee, die houden we lekker hier. Die mag Pablo zelf komen halen, en dan zullen we eens zien of hij net zo dapper is als in zijn computerspelletje.'

HOOFDSTUK 23

HET GESPREK

Op het paleis in Costa Banana waren Rosa en Julia meteen na het ontbijt verdergegaan met afluisteren. De hele ochtend hadden ze op Rosa's kamer gezeten. Tijdens de lunch had meester Manuel het van hen overgenomen. Daarna had Fico een paar uur geluisterd en aan het eind van de middag waren Rosa en Julia weer aan de beurt.

Het was de hele dag stil geweest in het kantoortje. Doodstil. Het leek wel alsof er helemaal niemand was. Alsof het winkeltje gesloten was.

Ook de hele avond en de nacht hadden ze niets gehoord. Om beurten hadden ze zitten luisteren. Het was slaapverwekkend, zeker zo midden in de nacht. Maar ze moesten luisteren. Ze mochten niets missen.

Rond een uur of tien de volgende ochtend hoorden Rosa en Julia ineens voetstappen. Meteen zaten ze rechtop. Er klonken stemmen en de deur van het kantoortje ging open.

'Ik ben net terug uit Costa Kanaria,' zei een stem. Ze herkenden hem meteen. Het was Ernesto.

'Heb je de president gesproken?' vroeg een andere stem.

'Ja,' zei Ernesto. 'Hij is erg tevreden. Wil je thee?'

'Ja, graag.'

Er werd een stoel verschoven en even later klonk het geruis van een waterkoker.

'Jullie hebben goed werk geleverd,' zei Ernesto. 'Complimenten van de Allergrootste President Aller Tijden.'

'Bedankt,' zei de stem.

Rosa en Julia keken elkaar aan. Was dit het moment waarop ze al die tijd hadden gewacht? Kregen ze nu eindelijk antwoord op hun vragen?

'Gaat alles goed daar in het paleis?' vroeg Ernesto.

'Uitstekend,' antwoordde de stem. 'Pablo Fernando heeft niets in de gaten. Zelfs die Rosa en Julia hebben geen idee. We hebben inmiddels aardig wat geheim agenten in het paleis rondlopen; niets blijft voor ons geheim.'

'Fijn om te horen,' zei Ernesto. 'Ik wil het graag met je hebben over een nieuwe opdracht.'

'Prima. Vertel.'

Op dat moment begon de waterkoker te borrelen. Er werd opnieuw een stoel verschoven, er klonken voetstappen en ze hoorden het geluid van water dat werd ingeschonken.

'Suiker?' vroeg Ernesto.

'Graag!'

Ze hoorden het gerinkel van een theelepeltje in een kopje.

'President Romero wil dat jullie de dochter van Pablo Fernando ontvoeren.'

Het bleef even stil. 'Bedoel je Rosa?' vroeg de stem toen geschrokken.

'Ja,' zei Ernesto. 'Denk je dat dat gaat lukken?'

Rosa's hart begon wild te slaan. Wat waren ze van plan? Eerst meester Gabriel ontvoeren en nu haar?

'Natuurlijk,' was het antwoord. 'Zoals ik al zei: we hebben genoeg geheim agenten rondlopen in het paleis.'

'Heel goed,' zei Ernesto. 'Je ontvangt binnenkort nadere instructies.'

Het duizelde Rosa. Ze was in gevaar! En dat gevaar kwam vanuit het paleis. Ze had alleen geen idee wie de geheim agenten waren over wie de mannen het hadden.

Met ingehouden adem luisterden ze verder. Maar het gesprek was alweer afgelopen. Ze hoorden een stoel schuiven.

'Tot snel,' zei de stem.

'Succes!' zei Ernesto.

Er klonken voetstappen, er sloeg een deur en toen werd het weer stil in het kantoortje.

Rosa en Julia keken elkaar verbijsterd aan. Julia was de eerste die wat zei: 'We moeten meester Manuel waarschuwen,' fluisterde ze. 'Nu meteen!'

Rosa knikte. Ze pakte de controller waarmee ze de spionnen nu al dagen hadden afgeluisterd en drukte deze tegen zich aan. Ze mocht hem niet kwijtraken. Alles wat ze zojuist gehoord hadden, was opgenomen. Het hele gesprek stond op het kleine geheugenkaartje in de controller. Dit was het bewijs dat ze zo hard nodig hadden.

Ze dacht aan de brief van meester Gabriel. Toen ze zijn geheime boodschap hadden ontdekt, werd

die meteen gestolen. Logisch. Het paleis zat vol spionnen. Geheim agenten die er alles aan deden om niet ontdekt te worden.

'Kom,' zei Julia. Ze trok Rosa achter zich aan.

Samen renden ze door de gangen van het paleis. Rosa keek angstig om zich heen. Telkens als er

iemand op hen afkwam versnelde haar hartslag. Ze hadden het op haar gemunt, ze wist alleen niet wie 'ze' waren. Iedereen kon een geheim agent zijn die haar wilde ontvoeren. Elke bediende, iedere bewaker. Ze kon niemand meer vertrouwen.

Hijgend stormden ze het klaslokaal binnen.

Meester Manuel zat rustig achter zijn bureau te werken, maar keek nu direct op. 'Hebben jullie nieuws?' vroeg hij nieuwsgierig.

Rosa legde de controller op zijn bureau. 'We hebben alles opgenomen,' hijgde ze.

Meester Manuel deed vlug de oordopjes in en beluisterde het hele gesprek. Toen hij klaar was, keek hij Rosa bezorgd aan. 'Heb je enig idee wie het was?' vroeg hij.

Rosa schudde somber haar hoofd. Ernesto's stem had ze herkend, maar de andere niet. Ze had geen idee wie dat kon zijn.

De meester stond op. 'Ik denk dat de president dit moet weten,' zei hij.

HOOFDSTUK 24

LEVEL 7

'Pap?' Rosa rende de werkkamer van haar vader binnen.

De president zat samen met Fico op de sofa. Hij had een controller in zijn hand en staarde geconcentreerd naar een reusachtig tv-scherm. 'Nu even niet,' bromde hij zonder op te kijken.

'Pas op voor die bruine paddenstoel!' riep Fico.

'Ja, ik zie hem,' mompelde zijn vader.

'Toe dan! Schiet dan! Je weet toch wel hoe dat moet?'

'Ja-ha,' riep de president. Zijn kleine, dikke vingertjes gingen razendsnel over de knopjes.

'Pas op voor die schildpad!'

'Kun je hem niet even op pauze zetten?' vroeg Rosa.

'Papa speelt *Super Pablo*,' zei Fico. 'Hij is bij level 7.'

'Dit is belangrijk,' zei Rosa.

'Straks, Rosa,' riep de president. 'Ik moet Max Romero verslaan.'

Op dat moment kwamen ook Julia en meester Manuel binnen.

Rosa twijfelde. Wat moest ze zeggen? Er zaten spionnen in het paleis, wie wist hoeveel. En overal konden microfoontjes verborgen zijn. Hoe kon ze haar vaders aandacht trekken zonder dat het opviel?

Fico wees naar de tv. 'Je vergeet een paar muntjes, pap.'

Op het scherm bewoog een klein presidentje snel heen en weer tussen een paar grote krabben.

Rosa rende naar Fico. 'Dit is belangrijk,' zei ze dwingend. 'We hebben ontdekt wat ze van plan zijn.' Ze liet hem de oordopjes zien.

Fico zette grote ogen op. 'Hebben jullie iets gehoord?' En toen zei hij tegen zijn vader: 'Zet hem op pauze, pap!'

'Wacht even,' was het antwoord. 'Ik heb ze bijna.' De president drukte driftig met zijn duim op een van de knopjes. 'Ik zal jullie krijgen!' gilde hij. Vuurballen schoten over het beeldscherm. 'Ha, ha! Sukkels!'

'Dit is belangrijk,' zei Fico. Hij rukte de controller uit zijn vaders handen.

'Wat doe je nou?' De president keek zijn zoon kwaad aan. 'Dit is level 7. Ik ben nog nooit zo ver geweest.'

Op het scherm kwam een grote krab op het presidentje af. 'Geef terug,' riep Pablo Fernando. 'Dit is een bevel!'

Maar het was al te laat. Een van de krabben

had het presidentje al te pakken en hem in tweeën geknipt met zijn reusachtige scharen. Op het beeldscherm verschenen in koeienletters twee woorden:

'Kijk nou wat je hebt gedaan!' riep de president.

'We hebben belangrijk nieuws,' zei meester Manuel rustig.

Rosa gaf Fico en haar vader allebei een oordopje. 'Luister maar.'

Mopperend deed de president het oordopje in. Eerst verschenen er rimpels op zijn voorhoofd. Daarna fronste hij zijn wenkbrauwen. En toen werd zijn gezicht rood en daarna paars. Woedend trok hij het oordopje uit. 'Wie zijn dit?' schreeuwde hij. 'Ik laat ze arresteren! Nu meteen! Laat Pepito komen! Ik stuur ze naar een onbewoond eiland!'

Meester Manuel legde zijn vinger op zijn lippen. 'Dat lijkt me geen goed plan, Super Pablo,' fluisterde hij.

Hij liep naar de muziekinstallatie en zette de radio

aan. Met muziek op de achtergrond was het moeilijker om mensen af te luisteren.

'We kunnen helemaal niemand meer vertrouwen,' ging meester Manuel verder. 'Deze spionnen zitten overal. Dat hebt u zelf net kunnen horen.'

De president keek de meester kwaad aan. Zijn ogen vonkten van woede. 'Maar we moeten iets doen!' Zijn stem sloeg over. 'Nu meteen!'

'Stil nou, pap,' zei Rosa. Toen boog ze zich naar de president en fluisterde: 'Dit zijn de spionnen van Max Romero!' Ze vertelde de president alles wat zij en Julia te weten waren gekomen. Over het Fernando-winkeltje. Over Ernesto en over de geheime briefjes in de Fernando-poppetjes.

'Ze hebben meester Gabriel ontvoerd,' zei Rosa, 'en nu willen ze mij ook ontvoeren.'

De mond van de president zakte langzaam open. Verbijsterd keek hij meester Manuel aan. 'Is dat echt waar?' vroeg hij.

Meester Manuel knikte.

'En iedereen kan een spion zijn?' mompelde de president.

'Ik vrees dat het echt waar is,' zei de meester. 'Uw generaals, Pepito, adjudant Diego... We weten niet meer wie we kunnen vertrouwen.'

'Maar wat moeten we dan doen?' riep de president wanhopig.

'We gaan dit uitzoeken,' zei de meester zacht. 'Maar eerst moeten we Rosa in veiligheid brengen. Max Romero mag haar niet te pakken krijgen.'

De president stak zijn vinger op. 'Je hebt gelijk,'

riep hij. 'Ze krijgt tien van mijn beste lijfwachten.' Hij zei het alsof het een briljant idee was.

'Maar kunnen we hen vertrouwen?' vroeg meester Manuel.

Het gezicht van de president betrok. 'We kunnen helemaal niemand vertrouwen,' mompelde hij. Wezenloos staarde hij naar buiten.

'Rosa moet zich ergens verstoppen,' fluisterde Julia.

'Ze kan in mijn bunker gaan zitten,' zei de president. 'Onder het paleis.'

'Maar er zitten overal spionnen,' zei Julia. 'En we weten niet wie het zijn. Het is hier nergens veilig.'

Meester Manuel knikte. 'Rosa moet het paleis uit,' zei hij. 'Iemand moet haar meenemen.'

'Jij kunt mij meenemen,' zei Rosa tegen meester Manuel.

Het was een moment stil. De president dacht diep na.

'Het is de enige mogelijkheid,' zei Rosa.

De president krabde aan zijn hoofd. 'En waar ga je dan naartoe?' wilde hij weten.

Rosa keek meester Manuel aan.

'Ik verzin wel wat,' zei die. 'We smokkelen haar het paleis uit. Niemand zal weten dat ze weg is. Ik breng haar in veiligheid en daarna kom ik meteen terug om u te helpen. We zullen ze allemaal ontmaskeren. Dat beloof ik.'

'Goed,' zei de president. 'Ga dan maar. Maar kom zo snel mogelijk terug.'

HOOFDSTUK 25

SANTA ROSA

Rosa ging meteen naar haar slaapkamer om haar tas in te pakken. Ze kon niet veel meenemen. Een tandenborstel, een boek, wat schone kleren.

Ze haalde een pruik met roodbruine krulletjes uit een van de lades van haar kleerkast. Ze had er een heleboel in alle denkbare haarkleuren. Blond, zwart, bruin, rood en zelfs paars. Ze had pruiken met kort haar en pruiken met lang haar. Met krullen en met stijl haar.

De pruiken waren handig als ze ongezien de stad in wilde. Of een dagje naar de dierentuin, het museum of het pretpark. Iedereen kende haar. Dat had je als je de dochter van de president was. Ze was een BCB'er (een Bekende Costa Bananer) en iedereen wilde met haar op de foto.

Ze zette de pruik op. Deze zou ze nemen. Misschien moest ze ook nog een petje opdoen, om ook haar ogen te verbergen. Ze pakte een donkerblauw tennispetje en zette het op. Nu herkende ze zichzelf niet eens meer.

Fico en Julia keken toe. 'Waar gaan jullie heen?' vroeg haar broertje.

'Ssst,' siste Rosa. Ze hield haar wijsvinger tegen haar lippen. 'Niet zo hard,' fluisterde ze. Ze wees om zich heen. 'We worden misschien wel afgeluisterd, weet je nog?'

Meester Manuel legde zijn hand op Fico's schouder. 'Dat laat ik je weten zodra ik terug ben,' zei hij zachtjes. Hij had een grote koffer gepakt. 'Hier mag je in,' zei hij tegen Rosa. 'Zo kan niemand zien dat je weggaat.'

Rosa zuchtte. Ze had een vreemde kriebel in haar maag. Waar zouden ze heen gaan? Hoelang zou ze wegblijven? Een paar dagen... of langer? Ze wist het niet.

Ze viste haar telefoon uit haar broekzak en hield hem omhoog. 'Kan ik deze meenemen?' vroeg ze.

Meester Manuel schudde driftig zijn hoofd. 'Te gevaarlijk,' fluisterde hij. 'Ze kunnen je afluisteren via je telefoon. Zelfs als hij uit staat.'

Rosa knikte. Ze voelde zich ineens heel alleen. Meester Manuel zou haar wegbrengen en dan zou hij teruggaan naar het paleis om haar vader te helpen. Zou hij haar zomaar ergens achterlaten? Helemaal alleen, zonder telefoon?

'Ik wil nog even een knuffel,' zei Fico. Hij omhelsde zijn zus.

Rosa glimlachte. 'Wat is er opeens met jou aan de hand?' vroeg ze plagerig.

Fico haalde zijn schouders op. 'Je weet maar nooit.'

Ze voelde een rilling langs haar rug gaan. 'Ik kom terug,' zei ze. Daarna omhelsde ze Julia en toen stapte ze in de koffer.

Het was niet de eerste keer dat ze zo het paleis verliet. Ze voelde een steek in haar buik toen ze dacht aan meester Gabriel, die haar en Fico ooit al eens op die manier het paleis had uitgesmokkeld. Ze zouden hem redden, hield ze zichzelf voor. Ze zouden de spionnen ontmaskeren en dan kwam alles goed. Hoopte ze...

Meester Manuel ritste de koffer dicht. Het werd donker.

Hobbelend en trillend werd ze even later door de gangen van het paleis gereden. En daarna ratelend over het asfalt van de parkeerplaats. Ze voelde hoe ze een auto in werd getild. Ze hoorde de meester afscheid nemen van Julia en Fico. Een portier sloeg dicht en daarna begon de auto te rijden.

Het was een vreselijke rit. Gelukkig stopte meester Manuel al na een kwartier. Hij liet haar uit de koffer, zodat ze naast hem in de auto kon gaan zitten. Met de pruik en de pet op en in de oude roestige auto van de meester zou waarschijnlijk niemand haar herkennen als de dochter van de president.

'Gaat het?' vroeg meester Manuel bezorgd toen ze naast hem was gaan zitten.

'Ja hoor,' antwoordde Rosa, terwijl ze haar gordel vastmaakte.

De meester startte de motor. 'Ik heb de auto gecontroleerd,' zei hij, terwijl hij de weg op draaide. 'We worden hier niet afgeluisterd.'

Meester Manuel reed snel. 'Ik breng je naar de boerderij van mijn ouders,' zei hij. 'Je kunt bij hen logeren. Ze zijn volledig te vertrouwen.'

Rosa knikte opgelucht. Blij dat ze niet alleen hoefde te blijven. Als zijn ouders net zo aardig waren als hijzelf, zou het vast gezellig worden, ondanks alles.

Ze reden de snelweg op in de richting van Santa Rosa, een klein stadje in het oosten van Costa Banana. Meester Manuel keek voortdurend in zijn spiegels om te zien of ze niet gevolgd werden.

'Hoelang blijf ik daar?' vroeg Rosa.

'Dat weet ik niet,' zei de meester. 'Ik ga je vader helpen de spionnen te ontmaskeren. Zodra het veilig is, haal ik je direct op.'

Ze reden de stad uit. Langs grote fabrieken met rokende schoorstenen. Ze passeerden een legerbasis, zagen het vliegveld en staken een brede rivier over.

Na een halfuur stopte meester Manuel bij een benzinepomp om te tanken. 'Blijf jij maar even in de auto,' zei hij. 'Dat is veiliger.'

Rosa knikte. Ze wilde eigenlijk graag even lopen, maar ze durfde de auto niet uit. Ze wisten niet wie ze wel en niet konden vertrouwen.

Meester Manuel tankte vlug benzine, ondertussen keek hij argwanend om zich heen.

Ook Rosa hield de omgeving goed in de gaten. Wie was die kale man in die zwarte Mercedes die haar de hele tijd aanstaarde? Snel keek ze de andere kant op.

Daar stond een blauwe BMW-cabrio. Achter het stuur ervan zat een man met een grote zonnebril en een snor.

Vlug wendde ze haar blik af. Was dit dé man met de snor? Zij had hem nooit echt goed gezien, zoals Julia.

Langzaam draaide ze zich nog een keer om. De

man bestudeerde een wegenkaart, terwijl de vrouw naast hem uitstapte en naar het winkeltje liep. Rosa keek haar met ingehouden adem na. Was het Coco?

Een man met een snor, een zonnebril en een platte pet hield de deur voor de vrouw open toen ze het winkeltje binnenliep.

Rosa slaakte een zucht en schudde zachtjes haar hoofd. Er waren zo veel mannen met snorren, dacht ze bij zichzelf. En een zonnebril had iedereen in Costa Banana. Ze moest vooral rustig blijven. Niet in paniek raken.

Meester Manuel was inmiddels klaar met tanken en ging nu ook het winkeltje binnen.

Rosa staarde naar haar voeten en haalde diep adem. Ze bleef zo zitten tot meester Manuel terugkwam.

'Ik heb wat drinken voor je gekocht,' zei hij, terwijl hij instapte. Hij gaf haar een koud blikje cola en legde een hand op haar schouder. 'Alles komt goed. Daar zal ik voor zorgen.' Toen startte hij de motor.

De man met de snor in de blauwe cabrio keek niet op of om toen meester Manuel wegreed.

HOOFDSTUK 26

BRIEFJE

Meester Manuel, mevrouw Lopez en Julia hadden een ruime suite gekregen in het paleis. De woonkamer alleen al was groter dan het hele appartement van meester Manuel. Daarnaast waren er een ruime keuken, een badkamer en twee slaapkamers.

Julia stond voor het raam van de woonkamer en keek naar buiten. De grote gouden fontein in de paleistuin schitterde in het zonlicht.

Ze verveelde zich zonder Rosa. Ze had gezien hoe meester Manuel de koffer met haar vriendin erin voorzichtig in de auto had gezet. Daarna was hij ingestapt en weggereden.

Waar gingen ze naartoe? Hoelang bleef Rosa weg? Julia realiseerde zich dat ze haar helemaal nog niet zo lang kende. Toch waren ze in korte tijd beste vriendinnen geworden. Ze miste haar nu al.

Wat hadden ze veel meegemaakt de afgelopen

dagen. Het begon op het feestje op zaterdag, toen ze de brief van meester Gabriel hadden gevonden. Die werd gestolen en de volgende dag doorzochten ze Coco's appartement. Die nacht had ze de man met de snor gezien. Wie was het? Was het Pepito? Ze zuchtte. Het zou kunnen, maar er waren meerdere spionnen, hadden ze ontdekt. Echt iedereen kon er een zijn. Er werkten honderden mensen in het paleis. Bedienden, bewakers, koks, schoonmakers, tuinmannen, kleermakers, kappers, schilders en loodgieters. Het was net een klein dorp.

Het duizelde haar. Ze wilde even nergens aan denken. Misschien moest ze een boek gaan lezen. Of nee, ze zou een potje schaken.

Ze draaide zich om naar haar moeder, die op de sofa een boek zat te lezen. 'Waar is de tablet van meester Manuel?'

'Dat weet ik niet, schatje,' antwoordde haar moeder. 'Misschien in zijn koffer?'

Julia stond op en liep naar de koffer van de meester.

'Waarom ga je niet iets met Fico doen?' vroeg mevrouw Lopez. 'Kun je niet met hem schaken?'

'Ma-ham!' Ze rolde met haar ogen en opende de koffer.

'Het is maar een ideetje,' zei haar moeder.

Julia zocht tussen Manuels kleren. Ze vond een papieren zak. Nieuwsgierig maakte ze hem open. Er zat een Fernando-beeldje in. Fernando op de rug van een reusachtige dinosaurus. Voorzichtig haalde ze het uit de zak.

Mevrouw Lopez keek op uit haar boek. ‘Wat heb je daar?’ Ze legde het boek weg en kwam nieuwsgierig naar Julia toe.

‘Het is een Fernando-beeldje,’ zei Julia.

‘O, wat enig,’ riep haar moeder uit. ‘Het is vast een cadeautje voor mij. Geef eens hier.’

Zonder te kijken gaf Julia het beeldje aan haar moeder. Met haar andere hand zocht ze verder.

‘Pas op!’ gilde mevrouw Lopez.

Julia schrok, maar het was al te laat. Met een harde knal viel het beeldje stuk op de plavuizen.

‘Kijk dan toch wat je doet!’ riep haar moeder.

‘Ik dacht dat je hem vasthad,’ zei Julia verontschuldigend. Ze keek naar de scherven die over de hele vloer verspreid lagen.

‘Dat kunnen we nooit meer lijmen,’ riep mevrouw Lopez onthutst.

Tussen de scherven lag een papiertje. Julia griste het van de vloer en vouwde het open.

Er stond iets op in een slordig handschrift. Ze staarde naar de letters. Was het een vreemde taal? Maar ineens begreep ze het. Haar hart miste een slag toen ze zich realiseerde wat er stond:

LESEIRO NJKK AIRWG

Het was de geheime code! Wat had dit te betekenen? Ze hapte naar adem.

Was meester Manuel de spion? Was hij de man

met de snor die beeldjes ophaalde in het Fernando-winkeltje? Nee, dat kon gewoon niet.

'Wat heb je daar?' vroeg mevrouw Lopez.

'Niets, gewoon een prijskaartje,' zei Julia. Ze stopte het papiertje vlug in haar zak.

Er moest een logische verklaring zijn. Meester Manuel had het beeldje in het winkeltje gekocht en had toen per ongeluk het verkeerde meegekregen.

Met bonzend hart en trillende vingers doorzocht ze zijn koffer. Zijn kleren smeet ze op de grond. Ze haalde alles eruit. Helemaal onderin vond ze de tablet. Verder niets.

'Wat doe je nou?' riep haar moeder.

'S-sorry,' stamelde Julia. 'Ik zal het zo opruimen.'

'Dat zou ik ook zeggen.'

Het duizelde haar. Het was een vergissing, hield ze zichzelf voor. Meester Manuel kon onmogelijk de man met de snor zijn. Hij was de liefste man die ze kende. Hij deed geen vlieg kwaad. Al kon dat natuurlijk gespeeld zijn. Goede spionnen waren geweldige acteurs.

Ze bekeek de koffer nog eens goed. Het was een heel gewone zwartleren koffer. Niets vreemds aan te zien. Alhoewel... Hij leek vanbuiten groter dan hij vanbinnen was.

Ze klopte op de bodem. Was hij hol? Ze wist het niet zeker. Misschien ging ze zich nu dingen verbeelden.

Vlug rende ze naar de keuken en haalde een mes uit een van de lades tevoorschijn. Het was een scherp mes. Haastig liep ze terug.

'Wat ga je doen?' riep mevrouw Lopez.

Julia negeerde haar. Voorzichtig schoof ze de punt van het mes tussen de bodem en de zijkant van de koffer. Daarna wipte ze hem omhoog. Dat ging makkelijker dan ze had gedacht. Onder de bodem zat inderdaad een holle ruimte met een boekje en een brief erin.

'Ik eis een verklaring!' riep haar moeder.

Maar Julia hoorde haar nu niet eens meer. Met bevende handen pakte ze het boekje. Op de voorkant stond: OPERATIE PISANG.

Ze voelde het bloed uit haar gezicht wegtrekken. Dit was het boekje van Coco! Wat deed dat in meester Manuels koffer? Had hij het teruggevonden? Maar waarom had hij daar dan niets over gezegd? Waarom had hij het verborgen in zijn koffer?

Er ging een golf van misselijkheid door haar heen. Alles draaide. Het was alsof de grond onder haar voeten wegzakte. Ze moest zich aan de tafel vastgrijpen om niet te vallen.

'Wat is er?' Haar moeder stond vlakbij, maar haar stem leek ergens uit de verte te komen.

Julia haalde diep adem. Ze had het warm en koud tegelijk.

'Wat zie je bleek?' zei haar moeder. 'Misschien moet je even gaan zitten.'

'Het gaat alweer,' fluisterde Julia. Haar gezicht en vingers tintelden. Ze pakte de brief en vouwde hem open. Het was de brief van meester Gabriel! De brief waarin ze de geheime boodschap hadden gevonden! Vier letters waren omcirkeld. HELP, stond er.

Wilde gedachten spookten door haar hoofd. Had meester Manuel de brief gestolen?

'Weet je zeker dat het gaat?' vroeg haar moeder. 'Wil je een glaasje water?'

'De man met de snor...' mompelde Julia. 'Het is meester Manuel...'

'Meester Manuel heeft geen snor, schatje,' zei haar moeder. 'Al zou hem dat wel prachtig staan. Wist je dat je aan iemands snor kunt zien wat zijn karakter is? Dat staat in het boek dat ik net las.'

Julia luisterde niet meer naar haar moeder. Ineens was alles haar duidelijk. De inbreker die het boekje midden in de nacht had gestolen. Hij had precies geweten waar het lag. Nu begreep ze waarom. Het was meester Manuel zelf! Maar waarom had hij zich vermomd? Waarom had hij het boekje niet stiekem weggenomen terwijl ze sliep?

Ze wist het antwoord op die vraag: als hij dat had gedaan, was hij verdacht geweest. Nu had het geleken of iemand anders het boekje had gestolen:

de man met de snor. Het was briljant. Hij had zich vermomd. Had het boekje gestolen en was door het raam van haar slaapkamer naar buiten gevlucht. Daarna was hij via het balkon naar de woonkamer gegaan. Had snel zijn kleren uitgetrokken, zijn haar door de war gedaan en was naar haar toe gekomen. Hij had haar getroost. En zij had niets in de gaten gehad.

Hoe was het mogelijk... Meester Manuel had hen geholpen het boekje te vinden in Coco's appartement. Waarom?

Ook hierop wist ze algauw het antwoord. Hij had hen betrapt toen ze probeerden de deur open te maken. Ze hadden het hem uitgelegd. Hem alles verteld. Wat als hij hen niet had geholpen? Dat zou misschien verdacht zijn geweest. Maar bovendien: door hen te helpen, had hij hun vertrouwen gewonnen. Nooit zouden ze hem nog verdenken. Ze hadden hem zelfs steeds alles verteld, waardoor hij hen telkens te slim af kon zijn. Meester Manuel was slim. Heel slim.

Alles viel nu op zijn plaats. Het was niet toevallig dat Coco naast meester Manuel woonde! En dat hij de sleutel van haar appartement had. Ze werkten samen! Coco, Ernesto en meester Manuel. Ze waren een team.

Toen realiseerde ze zich iets vreselijks. Meester Manuel had Rosa meegenomen. En hij bracht haar niet in veiligheid. Hij had haar ontvoerd!

HOOFDSTUK 27

RODE STIP

Julia rende door het paleis. Vloog de trap af. Racete de gang door. Slalomde langs een paar bedienden en stormde de werkkamer van de president binnen.

Pablo Fernando was opnieuw begonnen met zijn computerspel. Hij zat op de sofa en staarde naar het grote scherm.

'Pas op voor die vleesetende plant!' riep Fico, die naast hem zat.

De president schoot er een paar vuurballen op af.

Julia sloot de deur en zette de radio aan. Daarna liep ze naar Pablo en zijn zoon. 'Rosa,' fluisterde ze. 'Ze is ontvoerd!'

'Klopt,' zei de president zonder op te kijken. 'Ik ga haar bevrijden. Ik ben al bij level 3.' Hij drukte op een paar knopjes. Op het scherm maakte het presidentje een achterwaartse salto en sprong boven op een reusachtige aap. 'Pak aan!' schreeuwde hij.

'Ik bedoel in het echt,' riep Julia, harder dan ze bedoeld had. 'Ik heb het niet over dat spelletje.'

'Die apen zijn lastig,' zei Fico. 'Mag ik eens?'

'Ik kan het heus wel zelf,' bromde de president.

'Rosa is ontvoerd,' zei Julia nog een keer.

Er kwam geen reactie. De president zat helemaal in een andere wereld.

'Daar zit een geheime gang,' zei Fico. 'En je moet die muntjes niet vergeten.'

Julia aarzelde even. Maar toen rukte ze de controller uit de handen van de president.

Pablo keek haar woest aan. 'Wat nu weer?' riep hij.

'Meester Manuel is een spion,' fluisterde ze.

'Hoe bedoel je?' vroeg de president beduusd.

Julia vertelde alles wat ze te weten was gekomen. Ze praatte snel. Soms iets te snel, waardoor ze dingen oversloeg en ze weer opnieuw moest beginnen.

Fico en zijn vader luisterden met open mond

naar haar verhaal. Pablo kon het eerst niet geloven. En toen vertelde Julia het hele verhaal nog eens. En daarna nog een keer.

De president staarde vol ongeloof voor zich uit. 'Meester Manuel was mijn grootste fan,' zei hij. 'Hij vond me geweldig.'

'Hij deed maar alsof. Het was allemaal nep,' zei Julia.

'Ik laat hem arresteren,' riep de president. Hij stond op en beende naar zijn bureau. 'Ik stuur hem naar een onbewoond eiland met zijn Fernando-dekbed, zijn Fernando-badjas en zijn Fernando-slippers.'

'Wacht,' riep Fico. 'Er klopt iets niet.'

De president keek zijn zoon verward aan.

'We hebben die spionnen een week lang afgeluisterd. Meester Manuel wist daarvan. Waarom heeft hij ze niet gewaarschuwd?'

Julia staarde Fico verbijsterd aan. Daar had ze helemaal niet over nagedacht. Dat was inderdaad vreemd. Meester Manuel wist van de vlieg. Ze hadden zelfs samen zitten afluisteren. Waarom had hij hen daarbij geholpen?

Plotseling wist ze het. 'Het was een toneelstukje!' riep ze opgewonden. 'Meester Manuel heeft ze wél gewaarschuwd! Ze wisten heel goed dat we ze afluisterden. Ze hebben ons verteld wat ze ons wilden vertellen. Ze hebben ons expres bang gemaakt. Ons laten denken dat we niemand konden vertrouwen. Dat het hele paleis vol zat met spionnen. Wij dachten dat Rosa nergens meer veilig zou zijn. Daarom lieten we haar met meester Manuel meegaan. Dat was precies wat ze wilden.'

Er verscheen een denkrimpel op het voorhoofd van de president. 'Dus er zijn verder geen spionnen in het paleis. Meester Manuel was de enige?'

Julia pijnigde haar hersens. Nee, dat wist ze niet zeker. Er waren in elk geval drie spionnen: meester Manuel, Coco en Ernesto. Maar er konden er best nog meer zijn.

De president greep de telefoon. 'We moeten iets doen,' zei hij. 'We gaan Rosa bevrijden. Ik stuur het leger eropaf.'

'Wacht,' zei Julia. 'Wie gaat u nou bellen?'

'Mijn generaals, natuurlijk.'

'Weet u zeker dat u die kunt vertrouwen?' vroeg Julia.

De president staarde haar aan.

'Iedereen kan een spion zijn!' zei ze. 'We kunnen nog steeds niemand vertrouwen.'

'Dan gaan we zelf,' zei Fico vastberaden. 'Ik weet waar ze is.'

'Weet jij waar Rosa is?' vroeg Julia verbaasd.

Er verscheen een trotse glimlach op Fico's gezicht. 'Natuurlijk.' Hij pakte de controller waarmee hij zijn vliegen bestuurde en zette hem aan. Hij toetste wat in en wachtte tot het apparaat verbinding had gemaakt. 'Kijk,' riep hij even later tevreden. 'Daar gaat ze!'

Julia keek op het schermpje. Er was een landkaart te zien. Een kleine rode stip bewoog zich over een weg in de richting van Santa Rosa.

'Dat is Rosa,' zei Fico voldaan.
'Hoe heb je dat gedaan?' wilde Julia weten.
'Ik heb stiekem een van mijn bromvliegen in haar zak gestopt,' zei hij. Zijn ogen schitterden. 'Via de controller kan ik precies zien waar mijn vliegen zijn. Hij maakt verbinding via de satelliet. Dus hoe ver ze ook weggaan, ik weet altijd waar Rosa is.'
'Maar hoe wist jij dat meester Manuel een spion is?' vroeg Julia vertwijfeld.
'Dat wist ik niet,' zei Fico. 'Maar we konden niemand vertrouwen. Dus heb ik Rosa voor de zekerheid een vlieg meegegeven.'
De president keek zijn zoon verrast aan. 'Je bent briljant, Fico. Je bent geweldig.'
'Kom,' zei Fico. 'We gaan!'
'Maar we kunnen toch niet alleen gaan?' riep de president. 'We hebben lijfwachten nodig. En soldaten. Politieagenten. Brandweermannen. Dokters. Ziekenhuisbroeders.'
'We gaan zelf,' zei Fico.
'Geen sprake van,' zei de president. 'Dat is veel te gevaarlijk! Wat als het misgaat? Wie moet het land dan besturen?'
Het werd stil in de werkkamer. Het enige geluid kwam van de radio. Het was een liedje dat de president zelf had geschreven.

Ik ben de grootste,
de allerallergrootste.
Ik ben Pablo Fernando.
Ik ben de man die alles kan.

Julia haalde diep adem. Ze wist ineens wat ze moest doen. Ze moest de president uitdagen. Ze keek hem recht aan en zei toen: 'U bent toch Super Pablo? U vangt kogels op tussen uw tanden. U hangt aan helikopters. U doet haaien in bad. U bent een cowboy, een gangster, een draak. U kunt toch wel zelf uw dochter bevrijden?'

'Ja, ja!' zei de president geïrriteerd. 'Maar dit is anders.'

'Klopt. Dit is echt. Dit is uw kans om de hele wereld te laten zien wat u echt kunt. Als u Rosa zelf bevrijdt, is dat heel bijzonder,' zei Julia.

'Hoe bedoel je?' vroeg de president.

'Dan bent u de eerste president die zijn eigen dochter redt.'

De president dacht even na.

'Dat is uniek.' Julia aarzelde. 'Dat is vast nog nooit eerder gebeurd. Dat een president de spionnen van zijn grootste vijand eigenhandig het land uit schopt.'

'Pap, doe niet zo slap,' zei Fico. 'We moeten wel. We hebben geen keus.'

'Goed, we gaan,' besloot de president. Hij wees naar Julia en Fico. 'Maar jullie gaan ook mee.'

De president had eigenlijk met een tank willen gaan, maar hij wist niet hoe hij zo'n ding moest besturen. En daarom zaten ze even later in een luxe zwarte limousine met Costa Banaanse vlaggetjes voorop.

De president reed zelf. Het was lang geleden dat hij een auto had bestuurd. Hierdoor duurde het even voor hij in de gaten had hoe hij de wagen moest starten. De motor sloeg eerst een paar keer af en daarna reed hij hortend, stotend en slingerend weg.

Het tussenschot dat de chauffeur normaal gesproken scheidde van de passagiers had hij omlaaggedaan. Zo kon hij makkelijker contact houden met Julia en Fico, die op de lange achterbank zaten.

Fico staarde naar het schermpje op zijn controller. De rode stip bewoog nog steeds. 'Sneller, pap,' riep hij. 'We moeten richting Santa Rosa.'

De president trapte het gaspedaal diep in. De motor gromde en de limo stoof vooruit. Ze konden lekker snel doorrijden. De stoplichten sprongen automatisch op groen als de presidentiële limousine eraan kwam. Die wet had Pablo Fernando ooit verzonnen en dat kwam nu goed van pas.

'Je moet hier de snelweg op,' zei Fico.

De president knikte. Hij draaide de oprit op en gaf flink gas.

Toen begon het te regenen. Eerst langzaam en daarna steeds harder. Het kon flink regenen in Costa Banana.

De president zette zwijgend de ruitenwissers aan. De regen ratelde driftig en in onregelmatige vlagen op het dak van de auto. De wind gierde.

Fico schakelde over op de camera van de vlieg. Het beeld bleef zwart. Er was niets te zien. Het ding zat waarschijnlijk nog in Rosa's broekzak. Hij pakte de oordopjes, deed er een in en gaf het andere aan Julia.

Het lawaai van de regen was enorm. Julia duwde het oordopje stevig in haar oor, maar ze hoorde alleen maar geruis.

Toen klonk er een stem. Het was meester Manuel. Zijn stem klonk krakerig en een beetje gedempt. Ze moest zich goed concentreren om te kunnen horen wat hij zei.

'Heb je zin om wat te eten?'

'Ja, lekker,' hoorde ze Rosa zeggen.

'Zal ik daar wat halen?'

'Goed idee.'

Zo onverwacht als de regenbui was gekomen, zo plotseling was hij ook weer voorbij.

'Ze zijn gestopt,' zei Fico.

De president knikte en begon nog wat harder te rijden.

'Blijf jij maar in de auto,' hoorde Julia meester Manuel zeggen. 'Dat is veiliger. Heb je speciale wensen?'

Rosa zei iets onverstaanbaars. Toen hoorden ze de deur van de auto dichtslaan.

'Volgens mij heeft ze niets in de gaten,' zei Julia.

Fico knikte. 'We moeten haar waarschuwen.' En toen duwde hij de joystick van de controller naar voren.

HOOFDSTUK 28

GEZOEM

Rosa keek meester Manuel na. Hij liep het modderige terrein over naar een klein eettentje waar ze rijst met kip verkochten. Het had hevig geregend, maar de zon scheen nu volop.

Ze waren nu al bijna anderhalf uur onderweg. In het begin was het snel gegaan. De wegen rond San Fernando waren uitstekend, maar hoe verder ze kwamen, hoe slechter het asfalt werd. Soms zaten er diepe gaten, kuilen, barsten en kloven in de weg. En sommige stukken waren niet eens verhard, waardoor ze niet meer zo snel konden rijden.

Ook het landschap werd ruiger. Rijstvelden, bananen-, koffie- en theeplantages maakten plaats voor ondoordringbare bossen. Het werd heuvelachtig, soms zelfs bergachtig. Een overweldigende zee van groen.

Er woonden niet veel mensen in dit deel van het land. De meeste dorpjes waren klein: armoedige huisjes met roodbruine daken van roestige golfplaten stonden schots en scheef door elkaar.

Rosa keek rustig om zich heen. Het was de hele reis goed gegaan. Ze was nu niet meer zo bang om herkend te worden. Langzaam voelde ze zich weer wat vrolijker worden.

Ze schrok toen ze iets voelde trillen in haar broekzak. Er klonk een gesmoord gezoem. Verschrikt keek ze naar een kleine bobbel op haar been. Was er ongemerkt een insect naar binnen gekropen? Ze voelde er voorzichtig aan.

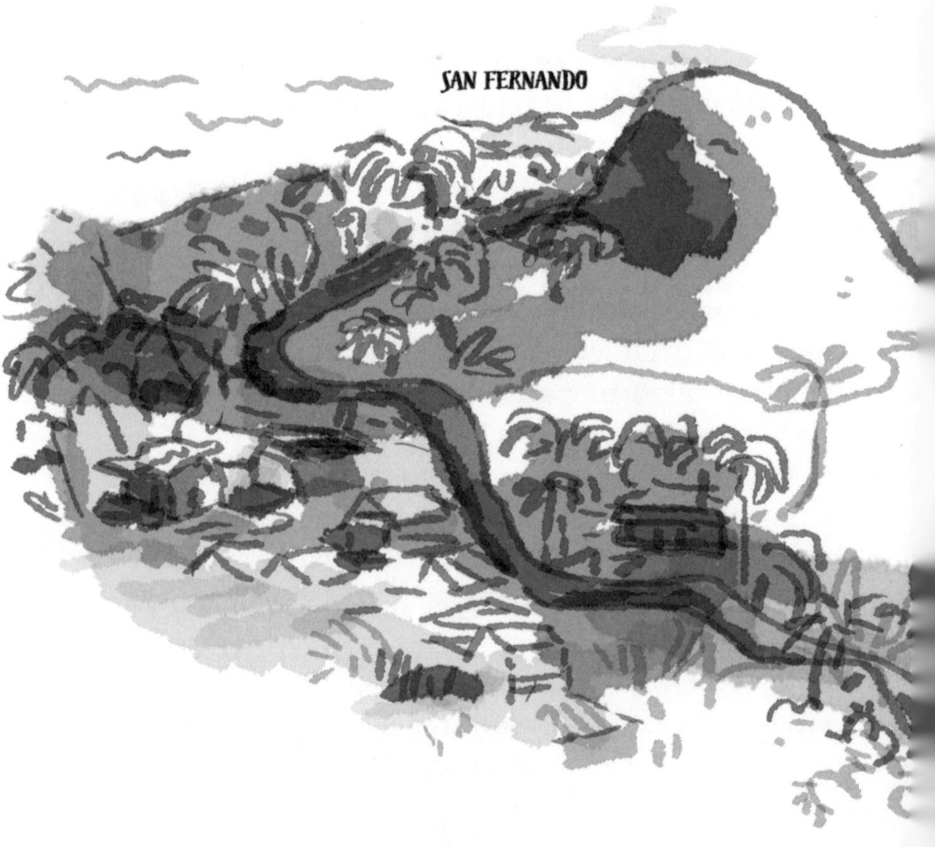

Weer begon het te zoemen.

Wat kon het zijn? Met bonzend hart tastte ze in haar broekzak.

Bzzzz!

Van schrik trok ze haar hand terug.

Het was een beest. Bzzzz...

Opnieuw stak ze haar hand in haar zak. Ze voelde iets kleins. Het was koud... metaalachtig. Behoedzaam haalde ze het naar boven en bekeek het.

Het was een vlieg... Ze keek nog eens goed. Het was een van de robotvliegen van Fico. Het ding

zoemde en sputterde tussen haar vingers.

Verbaasd bekeek ze het apparaatje. Hoe was het in haar zak terechtgekomen? Ze had het niet zelf meegenomen, dat wist ze zeker. Had Fico het stiekem in haar zak gestopt?

Rosa glimlachte. Wat slim. Nu konden ze haar volgen. Ze voelde zich meteen wat minder alleen.

Voorzichtig legde ze de vlieg op haar handpalm. Het ding begon weer te zoemen, maar er gebeurde verder niets. Het kwam geen millimeter omhoog. Aandachtig bekeek ze de vleugeltjes. Ze waren verkreukeld. Dat was waarschijnlijk in haar broekzak gebeurd.

Vliegen kon hij niet meer, maar misschien werkten de camera en microfoon nog. Ze hield de vlieg voor haar gezicht. 'Hallo!' riep ze.

Weer klonk er gezoem. Ze realiseerde zich dat Fico niets kon terugzeggen. Hij kon alleen met de vlieg meekijken en -luisteren.

Ze dacht even na en toen zei ze: 'Eén keer zoemen is "nee", twee keer zoemen is "ja".'

De vlieg zoemde twee keer.

'Ben jij Fico?' vroeg Rosa.

'Bzzz, bzzz,' deed de vlieg.

'Alles goed?'

'Bzzz.'

Rosa keek de vlieg verbaasd aan. 'Niet goed?'

Nu zoemde de vlieg weer twee keer.

Haar hart begon sneller te kloppen. Wat kon er mis zijn? 'Worden we achtervolgd?' vroeg ze.

'Bzzz.'

Oké, dus ze werden niet achtervolgd. Rosa dacht diep na. 'Is iemand van jullie ontvoerd?' probeerde ze.

'Bzzz.'

Gelukkig. Weer dacht ze even na. 'Is alles goed met jullie?' vroeg ze toen vlug.

Ditmaal zoemde de vlieg twee keer.

Ze zuchtte. Met hen was alles dus goed. Maar er was wel iets aan de hand. Ze probeerden haar te waarschuwen. Maar waarvoor?

Ze keek uit het raam. De meester liep naar de auto toe met een grote papieren zak.

'Meester Manuel komt eraan,' zei ze.

De vlieg begon opnieuw te zoemen. Niet één of twee keer, maar talloze keren achter elkaar. Wat wilde Fico zeggen? Was dit een soort morsecode? Ze kende geen morse en Fico ook niet, dacht ze.

De meester opende het portier en stapte in. 'Onze lunch,' zei hij vrolijk. 'Wat heb je daar?' vroeg hij nieuwsgierig.

'Dit is een vlieg van Fico.'

De vlieg zoemde alsof zijn leven ervan afhing. Alsof hij vastzat in een web terwijl er een grote, harige spin op hem afkwam.

'Heb je die meegenomen?' vroeg meester Manuel verbaasd.

'Fico heeft hem stiekem in mijn broekzak gedaan. Slim, hè? Nu weten ze waar we zijn. We kunnen zelfs met ze communiceren. Eén keer zoemen is "nee" en twee keer zoemen betekent "ja".'

De meester haalde een bakje uit de papieren zak

en gaf het aan Rosa. 'Hier is je rijst,' zei hij. 'En ik heb ook cola voor je.'

'Dank je,' antwoordde Rosa.

'Ben je iets te weten gekomen?' vroeg meester Manuel.

Rosa schudde haar hoofd. 'Ze proberen ons te waarschuwen, denk ik. Maar ik heb geen idee waarvoor.'

De vlieg zoemde nog steeds.

'Zou hij kapot zijn?' vroeg Rosa.

Meteen stopte de vlieg met zoemen.

'Mag ik hem eens?' vroeg de meester.

Rosa gaf hem de vlieg, die direct weer als een gek begon te zoemen.

Fico staarde ingespannen naar zijn beeldscherm. Kon hij maar met Rosa praten. Maar hij kon niets anders doen dan zoemen.

Het gezicht van meester Manuel verscheen in beeld. 'Hallo,' zei hij. 'Alles goed?'

Fico duwde het hendeltje naar voren en liet de vlieg één keer zoemen.

'Ze willen ons iets duidelijk maken,' hoorde hij meester Manuel mompelen.

Ze zagen hoe hij een slok van zijn koffie nam. Zijn gezicht kwam dichterbij. Fico en Julia keken nu recht in twee grote bruine ogen. 'Hij is beschadigd, of niet?' hoorden ze hem vragen.

'Hij kan niet meer vliegen,' antwoordde Rosa.

'Maar verder werkt hij nog?'

'Ik denk het wel.'

Het gezicht van meester Manuel kwam nog iets dichterbij. Zijn neusgaten vulden nu het scherm. Toen kantelde het beeld. Ze keken recht in het koffiebekertje van de meester.

'Wat doet hij nu?' riep Fico.

'Hij gooit hem erin!' gilde Julia.

'Kijk uit!' hoorden ze Rosa roepen.

Toen werd het beeld zwart en viel het geluid weg.

'Nee!' schreeuwde Fico.

De president draaide zich geschrokken om. 'Wat is er?'

'Hij heeft mijn vlieg in zijn koffie gegooid!'

'Kun je nog zien waar ze zijn?' vroeg de president geschrokken.

Fico schudde zijn hoofd. De rode stip op het scherm was verdwenen.

'Weet je waar ze waren toen het gebeurde?' wilde de president weten.

Fico noemde de plaats.

'Hoe ver is dat?' vroeg zijn vader.

'Ongeveer een halfuur rijden hiervandaan.'

De president staarde voor zich uit. De wegen waren slechter geworden, waardoor ze niet meer zo hard konden rijden.

'Hoe moeten we Rosa nu ooit nog terugvinden?' vroeg Julia somber.

'Dat wordt heel moeilijk,' zei Fico.

HOOFDSTUK 29

JUNGLE

‘Sorry,’ zei meester Manuel. Hij keek Rosa geschrokken aan. ‘Ik wou hem wat beter bekijken. Het ging per ongeluk.’

Rosa voelde een steek van teleurstelling. Ze was juist zo blij geweest met deze vlieg. Die maakte dat ze zich minder alleen voelde. Als ze wilde, kon ze met haar broertje en Julia praten. Nou ja, praten... zoemen, maar het was in elk geval beter dan niets.

De meester opende het portier van de auto en goot de koffie voorzichtig uit het plastic bekertje. De vlieg ving hij op. Hij pakte een servetje en depte hem zachtjes droog op zijn hand. ‘Wat jammer,’ zei hij. ‘Het is zo’n prachtig apparaatje.’ Hij keek Rosa aan en gaf haar de vlieg terug. ‘Het spijt me echt,’ zei hij.

Rosa zei niets.

Meester Manuel startte de auto. ‘We moeten verder,’ zei hij. Hij keek in zijn spiegels en draaide zonder verder nog iets te zeggen de weg op.

Ze reden nu langzaam. Hotsend en botsend door diepe kuilen die vol regenwater stonden. Het was bloedheet en de oude auto van de meester had geen airco. Rosa had haar raampje helemaal opengedraaid en wuifde zichzelf koelte toe met het boek dat ze had meegenomen.

Ze probeerde na te denken. Er was iets niet in orde. Fico had geprobeerd haar te waarschuwen. Wat was er aan de hand? Ze werden niet achtervolgd. En op het paleis was ook niets gebeurd. Toch dreigde er gevaar. Was zij in gevaar?

'Kunnen we niet beter hier blijven wachten?' vroeg ze.

'Waarom?' Meester Manuel keek haar verbaasd aan.

'Fico probeerde me te waarschuwen,' zei Rosa. 'Er is iets mis.'

'Daarom moeten we juist snel verder.'

'Misschien komen ze naar ons toe, om ons te helpen,' zei Rosa. 'Als we verder rijden, weten ze niet waar we zijn.'

Meester Manuel zweeg even. Uit het oerwoud klonk een bont orkest van kwetterende vogels, schreeuwende apen, fluitende boomkikkers en krekelende insecten. 'Weet je zeker dat het Fico was?' vroeg hij toen.

Rosa dacht even na. Nee, dat wist ze niet zeker. Daar was ze van uitgegaan. Ze had de vlieg horen zoemen. Ze had niet gezien wie hem bestuurde. Had iemand anders de vlieg in haar broekzak gedaan? Een van de spionnen in het paleis? Probeerde hij er zo achter te komen waar ze was?

Maar wie zou dat dan geweest moeten zijn? Fico en Julia waren de enigen die in haar buurt waren gekomen vlak voor ze was vertrokken.

Ze slaakte een diepe zucht. Ze begreep er niets meer van.

Ze probeerde alles nog een keer op een rijtje te zetten. Stel dat een spion de vlieg in haar broekzak had verstopt. Dan kon hij de vlieg gebruiken om haar op te sporen en haar alsnog te ontvoeren. Dat was slim. Maar zou hij dan proberen haar te waarschuwen? Kon hij zich dan niet beter stilhouden? Hen stiekem achtervolgen en dan totaal onverwacht toeslaan?

Nee, plotseling wist ze het zeker. Het was geen spion geweest, dat was niet logisch. Het was iemand die haar probeerde te helpen. Waarschijnlijk Fico. Wat jammer dat meester Manuel de vlieg in zijn koffie had laten vallen.

Plotseling bekroop haar een angstig gevoel. Het was er zomaar ineens. Wat als meester Manuel dat expres had gedaan? Wilde haar broertje haar waarschuwen voor hém? Waren ze iets te weten gekomen over de meester?

Nee, dat kon ze niet geloven. Meester Manuel was altijd aardig geweest. Hij had hen alleen maar geholpen. Waarom zou hij dat doen als hij niet aan hun kant stond? Om hun vertrouwen te winnen? Om er zeker van te zijn dat ze hem niet zouden verdenken? Dat zou razend slim zijn. Hen eerst helpen het boekje van Coco te vinden en het daarna stiekem terugstelen. Was hij de man met de snor?

De meester was sneller gaan rijden. Modderig regenwater spatte op. De auto kraakte en kreunde, schommelde gevaarlijk heen en weer over de slechte weg.

Het duizelde Rosa. Had ze iets over het hoofd gezien? Misschien maakte ze zichzelf onnodig bang. Was er een logische verklaring voor alles. Meester Manuel was tenslotte een lieve man. Hij deed haar denken aan meester Gabriel, die hen al zo vaak gered had. Maar aan de andere kant: hoe goed kende ze meester Manuel eigenlijk? Ze had hem nog maar pasgeleden ontmoet. Wanneer was het? Een week geleden? Maar Julia kende hem natuurlijk wel goed. En zij had gezegd dat ze hem konden vertrouwen.

Rosa staarde naar buiten. Naar de dichtbegroeide wildernis. Een chaos van groen. Ondoordringbaar, lawaaierig, vol leven.

Ze dacht aan Julia. Julia kon ze vertrouwen, dat wist ze zeker. Maar hoe goed kende Julia meester Manuel eigenlijk? De vragen spookten door haar hoofd.

Had ze haar telefoon maar bij zich gehad. Dan had ze haar broertje gewoon kunnen bellen om hem te vragen hoe het zat. Maar meester Manuel had het haar afgeraden. Te gevaarlijk, had hij gezegd. Gevaarlijk voor wie? Voor haar? Of voor hem?

Er bekroop haar een beklemmend gevoel. Met groeiende onrust bekeek ze de meester. Zijn blik was strak op de weg gericht. Hij reed snel en keek af

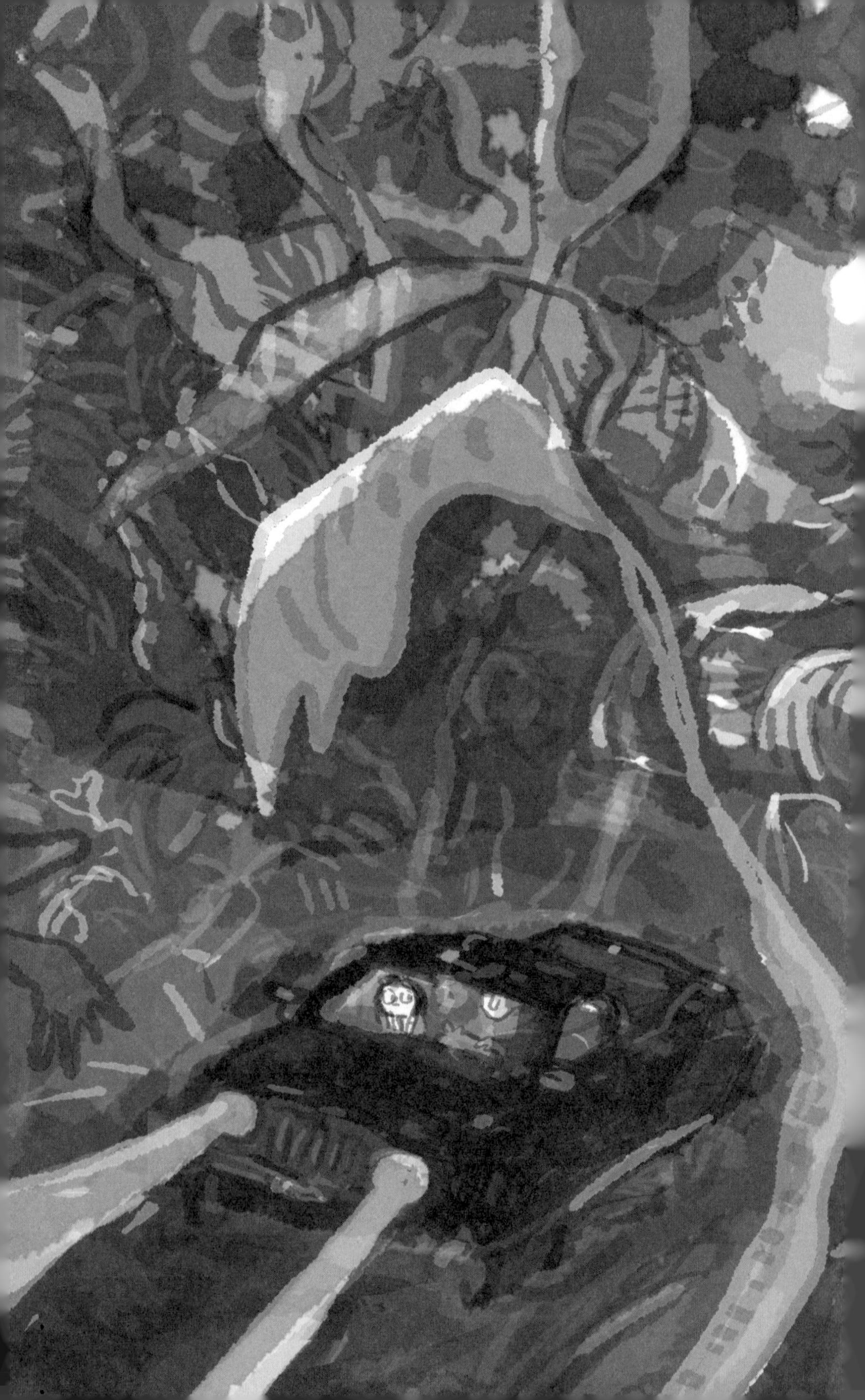

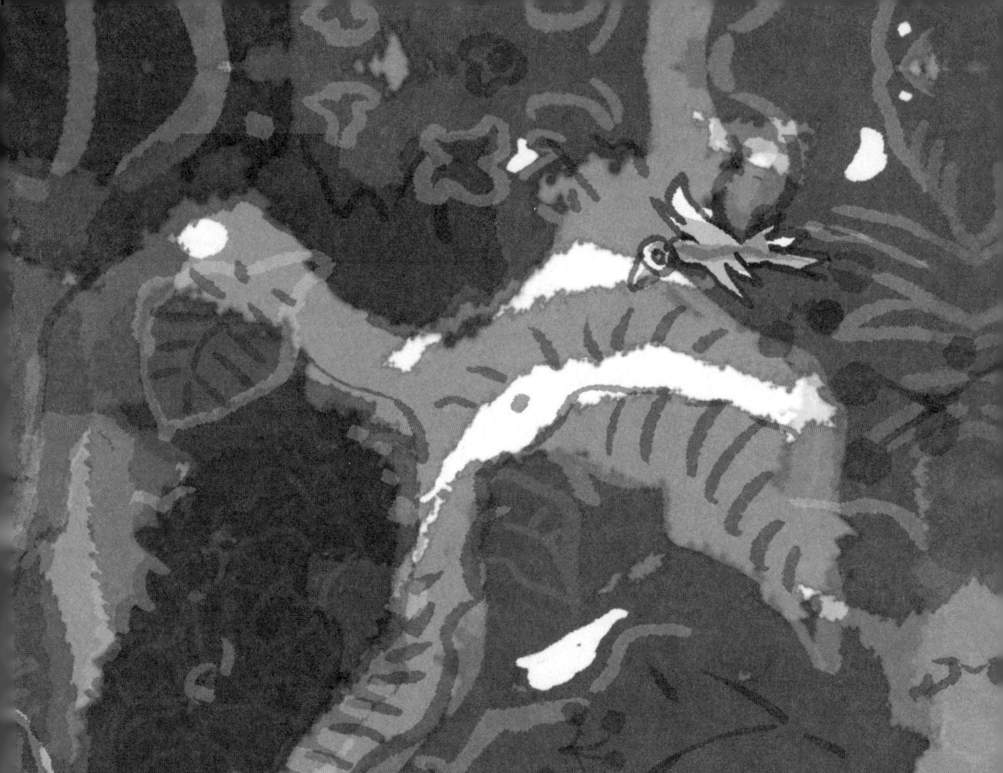

en toe onrustig in zijn achteruitkijkspiegel. Alsof hij dacht dat hij achtervolgd werd.

Was hij bang? Sinds ze de vlieg ontdekt hadden, was zijn stemming omgeslagen. Hij zei weinig meer en reed gehaast.

Zou ze het hem vragen? Kijken hoe hij zou reageren? Nee, dat was niet verstandig. Als hij echt een spion was en hij wist dat zij hem doorhad, zou hij haar vastbinden en in de kofferbak gooien.

Zou ze uit de auto springen en de jungle in rennen? Nee, dat was ook niet slim. De meester was vast veel sneller, hij zou haar zo te pakken krijgen. En als ze toch wist te ontsnappen, zou ze waarschijnlijk verdwalen. Ze wist hoe gevaarlijk het was om in je eentje de jungle in te gaan. Dat zou ze waarschijnlijk niet eens een dag overleven. Niemand met ook maar een beetje verstand ging zomaar zonder gids de jungle in.

Wilde je het er levend van afbrengen, dan moest je je goed voorbereiden. Je moest laarzen aantrekken om je te beschermen tegen slangen- en schorpioenenbeten. Je moest weten waar je schoon drinkwater kon vinden. Welke planten en dieren giftig waren en welke niet. Sommige kikkers waren zo giftig dat je ze niet eens mocht aanraken.

Rosa's gedachten bleven malen. Blijven was gevaarlijk. Ontsnappen ook. Wat moest ze doen?

HOOFDSTUK 30

SOKKEN

De luxe limo van de president slingerde over de hobbelige wegen. Het bruine regenwater spoot omhoog wanneer hij in volle vaart door de grote plassen stoof. De prachtige auto zat onder de modder toen ze bij het eettentje kwamen waar meester Manuel niet zo lang geleden gestopt was.

Fico keek door het raampje naar buiten. 'Zie jij de auto van meester Manuel hier ergens?' vroeg hij aan Julia.

Er stonden een paar auto's geparkeerd. Julia bekeek ze een voor een en schudde toen haar hoofd. 'Meester Manuel heeft een rode auto,' zei ze. 'Het is een oud ding.'

'Welk merk?' wilde Fico weten.

'Geen idee,' antwoordde Julia.

De president draaide zich om en staarde zijn zoon wanhopig aan. 'Wat nu?' vroeg hij met een klein stemmetje. 'Waar moeten we nu naartoe?'

‘We moeten door,’ zei Julia. ‘We zijn hem niet tegengekomen. Ik weet zeker dat ik hem niet heb gezien. Hij is vast verder gereden.’

De president keek haar bezorgd aan. ‘En dan? Hoe vinden we haar ooit nog terug?’

‘Laten we gewoon gaan rijden,’ zei Fico. ‘We zien wel.’

De president knikte en trapte het gaspedaal diep in. Brullend, slippend en glijdend schoof de wagen de modderige weg op.

Ze gingen zo hard als mogelijk was. De weg werd steeds slechter. De auto bonkte en deinde door diepe kuilen die vol roodbruin regenwater stonden.

Julia en Fico keken voortdurend om zich heen. Zolang er geen afslagen waren, zaten ze goed. Maar dat zou niet eeuwig zo doorgaan. Ooit zou er een kruispunt komen. Welke kant moesten ze dan op?

‘Waarom zijn de wegen hier zo slecht?’ riep de president toen hij voor de zoveelste keer keihard tegen het portier van de auto werd geslingerd.

‘Weet ik veel,’ zei Fico. ‘Het zijn jóúw wegen. Doe er wat aan.’

De president gromde iets onverstaanbaars.

De weg slingerde zich door het heuvelachtige junglelandschap. Af en toe kwamen ze langs een diep ravijn. Het uitzicht was adembenemend. Een glooiend groen woud zo ver je kon kijken. Slierten mist kronkelden tussen de boomtoppen. Dit waren de nevelwouden. Dichtbegroeid, vochtig en altijd vol leven. Hier groeiden meer dan 2500 soorten planten en leefden honderden diersoorten, waaronder toekans, kolibries, papegaaien, jaguars, tapirs, luiaards, neusbeertjes, leguanen, boa's, gifkikkers en een heleboel soorten apen. Als ze niet zo bezorgd waren geweest zouden ze ongetwijfeld genoten hebben van de prachtige omgeving.

Ze waren al die tijd slingerend omhooggereden, maar nu ging de weg weer naar beneden. Het duurde een eeuwigheid, maar toen kwamen ze toch bij een kruispunt.

De president stopte de auto.

Julia en Fico sprongen er meteen uit. De warmte sloeg ze in het gezicht. In de limo was het heerlijk koel geweest dankzij de airco. Buiten was het vochtig

en benauwd. Duizenden vogels kwetterden, tjilpten en floten alsof er niets aan de hand was.

Julia keek in het rond. De weg was hier volledig

onverhard. Bruin zand met talloze plassen en hier en daar een verzakking. Vanaf hier konden ze drie kanten op: links, rechts of rechtdoor.

In alle richtingen waren bandensporen te zien. Het leek erop dat er pasgeleden maar één voertuig rechtdoor was gegaan. Het waren brede banden, waarschijnlijk die van een vrachtwagen. Naar links en naar rechts zagen ze verschillende sporen door elkaar heen. Allemaal nog redelijk vers.

Julia ging op haar hurken zitten en bekeek het modderige profiel. Er was hier een auto langsgekomen. Maar ze had geen idee of het meester Manuels auto was geweest. Ze draaide zich om en zag Fico een eindje verderop. Hij zat op zijn hurken en bestudeerde de bandensporen.

Hij keek haar aan en schudde zijn hoofd. Daarna zette hij zijn handen aan zijn mond. Zijn stem galmde door het woud. 'Ik loop nog een stukje verder!' riep hij.

Julia knikte. Ze zou hetzelfde doen, maar dan in de andere richting. Langzaam liep ze de weg af, speurend naar een aanwijzing.

Al na een paar minuten zonk de moed haar in de schoenen. Het nevelwoud strekte zich uit over honderden kilometers. En wie wist hoeveel kruispunten ze nog zouden tegenkomen? Een duidelijk spoor hadden ze niet. En ze hadden geen flauw idee waar meester Manuel Rosa naartoe zou brengen. Naar Costa Kanaria? Dat lag voor de hand. En daarom was het niet slim. Misschien was hij juist een andere kant op gereden... Of juist niet, omdat ze dat zouden verwachten... Het was onbegonnen werk.

Ze vroeg zich net af hoe ver ze nog moest lopen toen ze iets op de weg zag liggen. Het was geel en het lag een meter of twintig van haar af.

Haar hart begon sneller te slaan. Wat was het? Een aanwijzing? Opgewonden begon ze te rennen. Ze durfde bijna niet te hopen dat het iets belangrijks was. Iets wat hen de weg zou wijzen.

Toen ze dichterbij kwam, zag ze dat het een boek was. Ze knielde neer, pakte het op en bekeek de voorkant. Er ging een schok door haar heen toen ze de titel las. Dit was Rosa's boek! Ze werd overspoeld door blijdschap. Dit was het schaakboek dat ze had meegenomen. Het was helemaal nat en zat onder de modder. Rosa was hier langsgekomen.

Met een ruk draaide ze zich om. Ze haalde diep adem. En toen riep ze zo hard ze kon: 'Fico!'

Fico was een eind van haar verwijderd.

Ze hield het boek omhoog en zwaaide ermee. 'Dit is van Rosa!' riep ze.

Fico aarzelde geen moment en kwam meteen op haar afgerend. Glibberend en glijdend door de modder. 'Waar heb je het gevonden?' vroeg hij, toen hij even later hijgend bij haar kwam.

Julia wees hem de plek waar het boek had gelegen.

'Is het uit de auto gewaaid?' vroeg Fico.

Julia schudde haar hoofd. 'Volgens mij heeft ze het expres gedaan,' zei ze. Ze had nieuwe hoop gekregen. 'Ze laat een spoor voor ons achter.'

Fico keek haar verrast aan. Toen pakte hij haar hand en trok haar mee. 'Kom, snel,' riep hij opgetogen.

Even later waren ze weer op weg. De president reed nu zelfs nog harder dan eerst. De auto slingerde slippend over de weg. Af en toe leek het alsof Pablo de controle over het stuur zou verliezen, maar hij wist de limo telkens wonder boven wonder op de weg te houden.

Ze gingen opnieuw een berg over, reden dwars door een ondiepe beek, staken een kolkende rivier over via een roestige, oude brug en volgden een slingerweg die hier en daar vol puin en rotsblokken lag. Het regende weer toen ze eindelijk bij het volgende kruispunt kwamen.

Julia en Fico sprongen de auto uit, de stromende regen in. Opnieuw gingen ze beiden een kant op. Ditmaal was het Fico die een aanwijzing vond: een kletsnat bolletje blauwe sokken.

Hij riep Julia.

'Deze zijn van Rosa,' zei hij zelfverzekerd toen ze tegenover hem stond. Zijn kleren waren volledig doorweekt, zijn haar plakte in slierten tegen zijn voorhoofd en zijn knieën zaten onder de modder. Hij keek Julia met glinsterende ogen aan. 'Je hebt gelijk. Ze laat een spoor voor ons achter.'

Ze renden terug naar de limo. Druipend en met modderschoenen namen ze plaats in de luxe presidentiële wagen. Het maakte niet uit. Het ging maar om één ding: Rosa terugvinden.

HOOFDSTUK 31

JUNGLEHUIS

Rosa staarde door het raam van de auto naar buiten. Het kleine Fernando-poppetje dat met een gouden koordje aan de spiegel hing, slingerde wild heen en weer.

Hoe verder ze kwamen, hoe smaller de weg werd. Takken zwiepten tegen de voorruit. Er waren niet veel kruispunten in dit deel van de jungle, maar als ze ergens afsloegen, gooide Rosa iets uit het raam. Ze deed het onopvallend, zodat meester Manuel het niet zou merken.

Hij had al een halfuur niets meer gezegd. Al die tijd was zijn blik strak op de weg gericht. Alsof hij een gesprek wilde vermijden. Alsof hij wist dat ze hem doorhad.

Ze hoopte vurig dat Fico en de anderen haar snel zouden vinden. Want waar bracht de meester haar naartoe? Gingen ze naar Costa Kanaria? Ontsnappen zou dan wel heel moeilijk worden.

Weer begon ze te twijfelen. Misschien moest ze toch uit de auto springen? Hard wegrennen en zich ergens in het oerwoud verstoppen? Ze wist dat dat levensgevaarlijk was. Ze had geen drinkwater bij zich, geen eten en geen goede laarzen.

'Is het nog ver?' vroeg ze.

'We zijn er bijna,' zei meester Manuel. Hij keek haar even aan en glimlachte. 'Niet zo somber. Het komt allemaal goed.'

Rosa keek gespannen voor zich uit. Vanuit de jungle klonk het gekrijs van papegaaien. Het geschreeuw van apen. Die zaten ook in de paleistuin. Ze voelde een knoop in haar maag. Wat miste ze haar familie. En wat miste ze meester Gabriel, die altijd voor hen klaarstond als er iets aan de hand was.

Waar zou hij nu zijn? Hij zat waarschijnlijk ergens opgesloten. Misschien wel hier in de jungle. Plotseling schoot er een gedachte door haar hoofd. Bracht meester Manuel haar naar dezelfde plek als waar ze meester Gabriel vasthielden?

Als dat zo was, kon ze maar beter blijven zitten. Als de anderen haar dan vonden, vonden ze meester Gabriel ook. Ja, nu wist ze het zeker. Ze zou blijven.

Ze volgden al heel lang dezelfde kronkelweg. Meester Manuel minderde vaart en even later sloeg hij links af.

Rosa zocht vlug in haar tas. Ze had geen sokken meer. Die had ze allemaal al uit het raam gegooid. Zonder te aarzelen pakte ze een groen T-shirt. Ze wachtte even tot de meester de andere kant op keek en gooide het toen uit het raam.

Ze kwamen nu heel langzaam vooruit. De regen had hier een groot deel van de weg weggespoeld. Het was zo modderig dat de auto een paar keer vast kwam te zitten en Rosa eruit moest om te duwen.

Daarna reden ze nog vijf minuten verder, en toen kwamen ze bij een open plek in het oerwoud. De meester parkeerde de auto en Rosa zag twee hutjes, half verscholen tussen het dichte bladerdek. Toen ze beter keek, zag ze dat het houten huisjes op palen waren. Ze hadden rieten daken en waren met elkaar verbonden door een houten loopbrug.

Meester Manuel opende het portier en stapte uit. 'Kom je?' zei hij.

Plotseling zag Rosa dat hij een pistool achter in zijn broek had. Ze schrok toen ze het wapen zag. Hoe kwam hij daaraan? Ze had hem er niet eerder mee gezien.

De meester liep om de auto heen, bukte zich en keek haar aan door het openstaande raampje. 'Kom je?' Zijn stem klonk nu dwingend. De glimlach was van zijn gezicht verdwenen.

Rosa pakte haar tas en stapte uit. Ze voelde zich onrustig worden. Sinds het gedoe met de vlieg bij het eettentje had ze al zo haar vermoedens gehad, maar nu hij ineens zo afstandelijk deed en hij een pistool bleek te hebben, kwam het toch nog als een schok.

Meester Manuel wees op een houten trap die naar de veranda van het eerste huisje leidde en duwde zachtjes tegen haar rug. Rosa begon te lopen en beklom de trap.

Op de veranda verscheen een mooie vrouw met

een groene camouflagebroek aan en een legerpetje op. Ze droeg haar lange zwarte haren in een vlecht. Rosa wist meteen wie dit was: Coco.

'Is alles gelukt?' vroeg Coco. Ze had een mooie, zangerige stem.

'Ik denk het wel,' zei meester Manuel.

'Je denkt het?'

'Ze hebben iets in de gaten, maar ik heb ze afgeschud,' zei de meester. 'Is alles geregeld?'

Coco knikte.

‘Linksaf,’ zei hij tegen Rosa. Hij stuurde haar naar links.

Rosa liep over de houten brug naar het linkerhuisje. Haar gedachten gingen razendsnel. Ervandoor gaan had nu geen zin. De meester had een pistool. En Coco waarschijnlijk ook. Ze kon alleen maar hopen dat haar broertje haar op tijd te hulp zou schieten.

‘Open de deur,’ zei de meester. Hij was kortaf sinds ze bij de junglehuisjes waren aangekomen. Of nee, eigenlijk al sinds ze hem de vlieg had laten zien. Rosa keek hem in de ogen. Hij had zijn blik strak op haar gericht. Er was niets meer over van de vriendelijke meester die ze had leren kennen.

Rosa deed wat haar gevraagd werd en stapte naar binnen. Het was een klein, knus huisje van donkerrood hout. Er stond een groot tweepersoonsbed waar een klamboe overheen hing. Twee stoelen, een salontafel, een kast en aan de muur hing een portretje van haar vader.

‘Waar is meester Gabriel?’ vroeg ze.

‘In de andere hut,’ zei meester Manuel, terwijl hij de deur achter zich dichttrok. ‘Ga zitten.’ Hij wees op een van de twee stoelen in de hoek van het hutje.

Rosa deed wat haar gevraagd werd. Er viel een ongemakkelijke stilte.

Meester Manuel bleef bij de deur staan en keek af en toe door het venster naar buiten. De hut had geen glazen ruiten, alleen luiken, die openstonden.

‘En nu?’ vroeg Rosa. ‘Wat is je plan?’

HOOFDSTUK 32

HELIKOPTER

Meester Manuel tuurde gespannen door het venster naar de lucht. ‘Er komt zo een helikopter,’ zei hij. ‘Jullie gaan naar Costa Kanaria.’

Het was alsof een koude hand Rosa’s keel dichtkneep. Een helikopter! Ze had gehoopt dat ze hier zouden blijven. De aanwijzingen die ze had achtergelaten, zouden Fico en de anderen hierheen leiden. Als ze per helikopter verdergingen, zouden ze alsnog spoorloos verdwijnen.

‘Het spijt me,’ zei meester Manuel toen hij haar gezicht zag. Het klonk alsof hij het echt meende. ‘Je bent een aardig meisje. Maar je bemoeit je met zaken waar je je niet mee moet bemoeien.’

Rosa voelde een enorme golf van woede in zich opkomen. ‘Jullie hebben meester Gabriel ontvoerd!’ Ze keek meester Manuel vernietigend aan.

‘Meester Gabriel moest plaatsmaken voor mij,’ zei meester Manuel rustig. ‘Ik werk voor de Geheime

Dienst van Costa Kanaria.' Weer keek hij naar buiten. Zonder Rosa aan te kijken vervolgde hij: 'Max Romero wil weten wat er in het paleis gebeurt. Wat je vader van plan is. Ik moest hem in de gaten houden.'

Rosa keek de meester verbluft aan. 'Maar hoe wist je dat jij zijn opvolger zou worden? Er zijn wel meer goede meesters in Costa Banana.'

Meester Manuel draaide zich om en keek Rosa met fonkelende ogen aan. 'Ik heb mezelf op zijn lijstje gezet,' zei hij. Hij glimlachte. 'Coco kent een schoonmaakster die bij de Super Geheime Dienst werkt. Zij heeft de lijsten verwisseld.'

'En toen hebben jullie meester Gabriel ontvoerd,' zei Rosa.

Meester Manuel knikte. 'De president wees mij aan als Gabriels opvolger. Ik was de eerste op de lijst.'

Rosa was met stomheid geslagen. 'Dus dat was Operatie Pisang,' zei ze.

'Klopt,' zei meester Manuel. 'Meester Gabriel ontvoeren en zijn plaats innemen. Ik had alleen niet verwacht dat jij je er zo mee zou gaan bemoeien.' Hij zweeg even en zei toen: 'We waren helemaal niet van plan je te ontvoeren, weet je. Maar we moesten wel.'

'O ja?' riep Rosa. Ze voelde haar wangen heet worden van woede. 'Dus nu is het mijn eigen schuld?'

Meester Manuel antwoordde niet. In plaats daarvan keek hij nerveus uit het raam en daarna op zijn horloge.

'Het wordt oorlog,' zei Rosa. 'Mijn vader zal woest zijn.'

Meester Manuel haalde zijn schouders op. 'Zolang

we jou hebben, durft hij toch niets te doen.'

Rosa klemde haar kaken op elkaar en keek hem nijdig aan. 'We hebben samen afgeluisterd,' zei Rosa. 'Je hielp ons. Waarom?'

Meester Manuel keek haar aan. 'Zodat jullie me niet zouden verdenken. Ik heb Ernesto alles verteld. Ook van de bromvlieg. Hij heeft jullie wijsgemaakt dat er een heleboel geheim agenten in het paleis zaten die jou wilden ontvoeren. In werkelijkheid was ik de enige. En ik mocht je meteen meenemen, want de president vertrouwde niemand, behalve mij.' Hij begon te lachen. 'Volgens mij was het zelfs jouw eigen idee dat ik je zou meenemen.'

'Was jij ook de man met de snor?' vroeg Rosa.

Meester Manuel knikte. 'Jullie hebben het me niet makkelijk gemaakt.'

Rosa luisterde naar de geluiden van buiten. Het was hier nooit stil. Dag en nacht ging het door. Een eindeloze herrie. Geratel, geschreeuw, getjilp, gekir, gegons. Hoge en lage fluittonen. Korte en lange klanken. Duizenden dieren die samen een compleet orkest vormden, met op de achtergrond het gerommel van de donder in de verte en het eeuwige gespetter van waterdruppels op bladeren.

Toen hoorde ze plots een zacht gebrom. Het kwam van ver. Een langzaam aanzwellend gezoem. Het onmiskenbare geluid van een helikopter.

Meester Manuel keek verheugd naar buiten. 'Daar zul je hem hebben,' zei hij.

Rosa liep naar het raam en ging naast hem staan. In het andere huisje ging een deur open. Coco liet

meester Gabriel naar buiten. Zijn haren zaten in de war, zijn vlinderstrik ontbrak en het sikje dat hij normaal had, was uitgegroeid tot een volle baard.

De vrouw leidde hem via de trap naar de open plek in het bos.

Er viel een schaduw over de bomen toen een donkergroene helikopter langzaam omlaagkwam. Het ritmisch zwiepende lawaai van de wieken overstemde nu alles.

Rosa keek omhoog. De schuifdeur aan de zijkant van de helikopter was opengegaan. Er verscheen een man in camouflagepak voor de ingang. Hij keek omlaag en liet toen een touwladder neer. Kennelijk was de helikopter te groot om op deze plaats te landen.

Coco schreeuwde iets naar meester Gabriel. Door het geraas van de maaiende rotorbladen was niet te horen wat. Ze gaf hem een zachte duw. Eén keer keek hij nog om, waarna hij langzaam omhoog begon te klimmen.

Toen zei meester Manuel: ‘Het is tijd om te gaan. Als je rustig meewerkt, doe ik je niks.’ Hij keek Rosa ernstig aan. ‘Begrepen?’

Ze knikte.

De meester opende de deur van het hutje en liet haar voor zich uit lopen. Rosa keek onrustig om zich heen. Ze moest ontsnappen. Maar hoe? Meester Manuel was gewapend. Hij had een pistool.

Koortsachtig dacht ze na. Zou hij op haar schieten? Ze dacht aan wat de meester zojuist had gezegd. Zolang ze haar hadden, zou haar vader niets durven te doen. Zou meester Manuel het risico nemen? Zou hij schieten op de dochter van de president?

Ze liepen over de veranda. En daarna over het houten bruggetje dat de twee hutjes met elkaar verbond. Rosa keek naar beneden. Hoe hoog was het? Twee meter? Het was moeilijk in te schatten. De grond beneden was dichtbegroeid met palmen, boomvarens en bamboes. De boomtakken waren bedekt met een dikke vacht van mos, waarop weer allerlei soorten bromelia's en orchideeën groeiden. Lianen hingen als slingertouwen tussen de stammen, klimplanten overwoekerden de eeuwenoude bomen die samen een dicht dak van bladeren vormden.

Zou ze durven te springen? De takken van de struiken zouden haar val breken. De varens zouden haar meteen aan het zicht onttrekken. Ze zou de jungle in rennen. Zich verstoppen, totdat... er hulp zou komen? Ze beet op haar lip. Ze wist niet of er hulp zou komen, maar alles was beter dan meegenomen worden naar Costa Kanaria.

Ze wist dat ze het moest doen. Dit was haar enige kans. Meester Manuel wilde haar levend hebben. Dat was zijn opdracht. Daar ging ze vanuit. Dat hoopte ze. Gokte ze...

Haar hartslag versnelde. Ze haalde diep adem. En toen, zonder verder nog na te denken, begon ze te rennen.

Het ging allemaal heel snel. Ze greep de reling van het bruggetje. Klauterde erop en stootte haar knie, waardoor ze even terugviel. Een felle pijnscheut trok door haar been. Ze zette haar tanden op elkaar en deed een nieuwe poging.

Achter zich hoorde ze meester Manuel, die haar schreeuwend achterna kwam. Ze keek niet om toen ze opnieuw omhoogklom. Beneden zich zag ze alleen

maar bladeren. Ze zette zich af, sprong en greep een van de lianen.

Op datzelfde moment voelde ze dat een hand haar enkel greep. Meester Manuel had haar te pakken. Ze probeerde zich los te rukken, maar hij had haar stevig beet.

'Coco!' riep hij.

Rosa draaide zich om en keek recht in zijn woedende ogen. Hij probeerde ook haar andere been te pakken, maar Rosa was sneller. Wild spartelend schopte ze om zich heen.

Een kreet. Ze had hem geraakt. Recht in zijn

gezicht. Ze hoorde hem vloeken en voelde de greep om haar enkel verslappen. Met een ferme ruk trok ze zich los en liet zich vallen.

Twijgen sloegen tegen haar lijf. Ze schaafden haar armen, haar gezicht. Rosa voelde een klap in haar maag toen ze op een dikke tak viel. Ze hapte naar lucht en duikelde verder omlaag, tot ze tegen de grond smakte.

Hijgend krabbelde ze op. Het duizelde haar. Ze proefde de metaalachtige smaak van bloed. Haar hele lichaam zat onder de schrammen en haar spieren voelden pijnlijk, maar het deerde haar niet.

Ze hoorde voetstappen. Het geritsel van bladeren. Vlug stond ze op en begon te rennen. Waarheen wist ze niet. Als ze maar wegkwam.

Varens zwiepten in haar gezicht. Ze struikelde over een boomwortel, stond weer op en rende door. Ze dacht nergens meer aan. Vluchten moest ze. Vluchten!

HOOFDSTUK 33

TOUWLADDER

De limo van de president hobbelde door de jungle. Julia tuurde gespannen naar buiten. Hoelang waren ze al onderweg? Hoe ver moesten ze nog? Wat als het donker werd? Zouden ze dan de nacht in het oerwoud moeten doorbrengen?

Ze kneep in het groene T-shirt dat ze in haar handen had. Het was van Rosa. Ze hadden het een paar minuten geleden gevonden. Julia luisterde naar een ritmisch zoevend geluid dat van buiten kwam. Ze hoorde het al een hele tijd en het werd almaar luider.

'Dat is een helikopter,' zei Fico. 'We zijn vast in de buurt.'

De limousine reed nu heel langzaam. De motor brulde en de banden slipten op de modderige weg. Af en toe leek het of ze vast kwam te zitten, maar dan gaf de president vol gas en schoot de wagen weer los.

Julia tuurde onrustig door de voorruit. Kwam die helikopter om Rosa mee te nemen? Waarnaartoe? Naar Costa Kanaria?

Het lawaai was oorverdovend geworden. Ze waren bij een open plek gekomen. Als eerste zag ze de auto van meester Manuel. Er ging een golf van blijdschap door haar heen. Toen ontwaarde ze de twee junglehuisjes en daarna zag ze ook de helikopter die vlak boven de bomen zweefde. Een touwladder hing naar beneden. Er was niemand te zien.

De president stopte de auto en keek zijn zoon aan.

'Waar wacht je nog op?' riep Fico. 'Erachteraan!'

'Ik?' riep de president.

'Natuurlijk!' riep Fico. 'Wie anders? Rósa zit in die helikopter. Dat moet haast wel. Ze willen haar meenemen naar Costa Kanaria. Je moet haar bevrijden.'

De president keek zijn zoon met grote ogen aan. 'Ben je gek geworden? We moeten wachten op versterking.'

'Nee, pap,' zei Fico. 'Jij moet eropaf. Nu!'

'Maar ik ben de president. Ik kan toch niet zomaar zelf...' Hij keek zijn zoon angstig aan.

'Schiet op, straks vertrekt dat ding,' riep Fico. 'Jij bent toch een held? Jij bent Super Pablo!'

Het werd stil in de auto.

'Maar... dit is echt,' stamelde de president. 'Dit is geen spelletje. Ik heb toch geen vuurballen.'

'Kijk daar eens in.' Fico wees op het dashboardkastje.

De president opende het voorzichtig, alsof hij bang

was dat het vol met vuurballen zou zitten. Er lag een pistool in.

'Daar heb je je vuurballen,' zei Fico.

Zijn vader pakte het wapen en keek hem aarzelend aan.

Fico zuchtte diep. 'Geef hier. Dan ga ik zelf wel.'

De president keek zijn zoon ontsteld aan. 'Dat kan niet,' riep hij. En toen zei hij vlug: 'Ik ga wel. Ik ben Super Pablo. Ik zal zelf mijn dochter redden.'

Hij zuchtte een keer diep, trok zijn uniform recht en zette zijn pet op. Daarna opende hij het portier en stapte uit. Behoedzaam en met een ernstig gezicht sloop hij op de touwladder af.

Julia en Fico staarden hem na.

Toen de president bij de touwladder kwam, keek hij om zich heen en daarna naar boven. Even leek hij te aarzelen, hij keek nog een laatste keer om naar de limo. Daarna stak hij het pistool achter zijn riem, pakte de touwen en begon langzaam naar boven te klimmen.

HOOFDSTUK 34

SUPER PABLO

Meester Gabriel lag in het ruim van de helikopter, met zijn gezicht tegen de vloer. Een van de piloten had hem zojuist naar binnen getrokken en hem gedwongen te gaan liggen met zijn handen op zijn rug. Nu werd hij vastgebonden.

De meester draaide zijn hoofd en probeerde om zich heen te kijken. Veel kon hij niet zien.

De piloot was een grote, sterke man. Hij trok ruw aan het touw. Het knelde rond zijn polsen.

Als meester Gabriel iets wilde doen, moest hij snel zijn, wist hij. Zo meteen zou Rosa komen. Coco had hem verteld dat ze haar hadden. En dat de helikopter hen samen naar Costa Kanaria zou brengen. Als ze daar eenmaal waren, zou het vrijwel onmogelijk zijn om nog te ontsnappen. Dit was misschien wel zijn laatste kans.

Er schoten allerlei gedachten door zijn hoofd. Wat kon hij doen? Meer dan een week zat hij nu al gevangen. En niet één keer had hij de kans gekregen te ontsnappen. Coco had hem voortdurend bewaakt.

Ze had zich goed voorbereid. Alles wist ze van hem. En hij had het haar stom genoeg allemaal zelf verteld. Bijvoorbeeld hoe hij ieder slot open kreeg met iets simpels als een haarspeld of een paperclip. Daarom had ze hem vastgebonden met een touw en hem al die tijd scherp in de gaten gehouden.

Hoe kon hij zo stom zijn geweest haar te vertrouwen? Te denken dat ze verliefd op hem was? Weken had ze hem voor de gek gehouden. Ze hadden een paar dates gehad. En daarna had ze hem overgehaald om samen romantisch op vakantie te gaan.

Romantisch was het niet bepaald geworden. Eenmaal in de jungle had ze hem gevangengenomen en opgesloten in een junglehuisje.

Ze had hem ondervraagd. Ze wilde alles weten over het paleis, de president en zijn familie. Of hij iets wist over geheime gangen. Geheime codes. De mensen die er werkten.

Natuurlijk had hij haar daar niets over verteld.

De piloot was klaar en stond op. Gabriel probeerde zijn handen los te wringen, maar de touwen zaten veel te strak. Hij draaide zich op zijn zij. Nu kon hij al meer zien.

Hij zag hoe de piloot naar de deuropening liep en naar beneden keek. Hij zag waarschijnlijk iets anders dan hij verwachtte, want hij draaide zich met een ruk om. Geschrokken keek hij naar de piloot die de helikopter bestuurde en riep iets in het microfoontje dat aan zijn helm zat. Meester Gabriel kon

hem niet verstaan, zijn woorden gingen verloren in het geraas van de rotorbladen.

Toen trok de piloot zijn pistool. Ontgrendelde het en begon te schieten.

Vrijwel meteen daarna ging de helikopter omhoog.

Meester Gabriel schrok. Wat was er aan de hand?

Hij probeerde overeind te komen, maar dat ging niet zo makkelijk met vastgebonden polsen.

Weer klonk er een luide knal. De piloot schoot. Op wie?

Meester Gabriel zag hem zijn pistool opnieuw richten. Nog een knal. Gevolgd door drie snelle schoten achter elkaar.

Vlug trok hij zijn benen in, drukte zich met zijn schouder omhoog en zette zich met zijn elleboog af tegen de vloer. Kreunend richtte hij zich op.

Dit was zijn kans! De piloot was afgeleid en lette totaal niet meer op hem.

De helikopter maakte een scherpe bocht. Weer klonk er een schot. Werden ze soms achtervolgd?

Meester Gabriel ging op zijn knieën zitten en stond langzaam op. Zonder erbij na te denken stormde hij als een stier op de piloot af en ramde hem met zijn hoofd in zijn zij.

De man gaf een schreeuw, wankelde, helde gevaarlijk achterover, zijn ogen angstig opengesperd, zijn voeten balancerend in de deuropening. Klapwiekend als een vogel zonder veren en wild maaiend met zijn armen wist hij net op tijd een van de handgrepen bij de deur vast te grijpen.

Meester Gabriel stapte op hem toe. Zo vlak bij de opening voelde hij de wind in zijn haren. Zijn T-shirt klapperde tegen zijn huid. Even zag hij de duizelingwekkende diepte onder hen. De helikopter had flink wat hoogte gewonnen. Het oerwoud lag ver beneden hen als een groene golvende zee van bomen.

Meester Gabriel aarzelde even. Met zijn armen

vastgebonden achter zijn rug moest hij oppassen niet zelf uit de helikopter te vallen. Hij hief zijn been op om te trappen, maar de piloot was sneller. Hij trok zichzelf omhoog en wierp zich boven op de meester.

Ze wankelden en vielen achterover. Meester Gabriel knalde met zijn hoofd tegen de vloer van de helikopter. Even werd het zwart voor zijn ogen. Sterren vonkten. Een felle pijn schoot door zijn hoofd. Het duizelde hem.

Hij zag hoe de piloot hijgend overeind krabbelde en even later staarde hij recht in de loop van zijn pistool. De man keek hem woedend aan. Hij schreeuwde iets, maar zijn woorden waren niet te horen door het geraas van de helikopter.

Meester Gabriel slaakte een zucht. Hij had het geprobeerd, maar het was niet gelukt.

De piloot gebaarde met zijn pistool dat hij naar achteren moest gaan. Meester Gabriel probeerde zich met zijn benen af te zetten en naar achteren te schuiven. Het ging moeizaam en langzaam, maar het lukte.

Net toen hij terug op zijn plek was, zag hij iets bewegen in de deuropening. Er verscheen een hoofd. Het was guitig en klein. Kalend met dunne, sprietige krulletjes die tegen een bezweet voorhoofd plakten.

Meester Gabriel kon zijn ogen niet geloven. Het was de president! Zijn wangen waren rood van inspanning. Hij bloedde aan zijn linkeroor. Moeizaam hees hij zichzelf de helikopter in.

De piloot had niets in de gaten. Die stond met zijn rug naar de deuropening. Zijn wapen nog altijd

op meester Gabriel gericht. De meester zag hoe de president overeind krabbelde, zijn pistool trok en op de piloot afstrompelde.

Daarna ging alles heel snel. Meester Gabriel zag de president in elkaar zakken van vermoeidheid en tegen de benen van de piloot vallen. Die draaide zich

met een ruk om en schoot meteen. De kogel vloog hoog over. De president, die als een verfrommeld hoopje op de grond lag, richtte zich op en pakte zijn eigen pistool. Van schrik liet de piloot zijn wapen vallen.

HOOFDSTUK 35

BANANENSPIN

Rosa was blijven rennen. Coco en meester Manuel hadden haar achternagezeten. Ze had hen horen schreeuwen. Dat ze terug moest komen. Ze hadden gedreigd dat ze zouden schieten, maar ze hadden het niet gedaan.

Rosa was gestruikeld en weer opgekrabbeld. Ze had zich een weg gebaand door de dichte begroeiing. Het liep hier omhoog, wat het rennen zwaar maakte. Haar armen en benen zaten onder de krassen van de vele stekelige struiken waar ze zich doorheen had gewrongen. Ze was door een smal beekje gewaad. Op haar buik door de modder gekropen en daarna doodstil tussen de varens blijven liggen.

Ze had ze langs zien lopen. Op nauwelijks een meter afstand had ze hun schoenen gezien. De legerkistjes van Coco en de wandelschoenen van meester Manuel. Met ingehouden adem had ze gewacht tot ze verder waren gelopen.

Hoelang zat ze hier nu al? Vijf minuten? Een kwartier? Het leek wel een uur.

Ze luisterde naar het zachte murmelen van het beekje. Vlak bij haar oor klonk een hoog, tjirpend geluid. Ze draaide haar hoofd en zag onder een van de bladeren een glaskikkertje zitten. De huid van zijn buikje was geheel doorschijnend, waardoor ze zijn hartje kon zien kloppen. Alles was zichtbaar, zijn botjes, zijn aders. Even keek ze naar het kikkertje, dat nu doodstil onder het blad hing.

Toen hoorde ze Coco en meester Manuel in de verte roepen. Rosa wist dat ze terug zouden komen. Ze moest zich beter verstoppen.

Behoedzaam rekte ze zich uit en hief haar hoofd. Een eindje verderop was een holle boom. Het was een oude boom, begroeid met varens en mossen die als groene lange baarden van de takken omlaaghingen. Zou ze daarnaartoe kruipen? Zou ze het erop wagen?

Ze ging op haar knieën zitten. Nu pas zag ze dat ze vlak naast een pikzwarte schorpioen had gelegen. Hij was ongeveer zo groot als haar hand en zat half verscholen tussen de bladeren. Zijn staart krulde dreigend omhoog, met aan het uiteinde een giftige angel. Klaar voor de aanval.

Met kloppend hart deinsde ze een stukje achteruit. Ze staarde naar het dier. Het zag er prachtig uit met zijn glanzend zwarte pantser. De schorpioen zou haar niet zomaar aanvallen, wist ze. Alleen als ze te dichtbij kwam, zou hij haar steken. Of als ze op hem zou gaan zitten.

Vlug keek ze om zich heen. Waren er meer schor-

pioenen? Ze zag er geen. Ze dacht aan meester Gabriel. Die had hun alles geleerd over deze dieren. De meeste soorten waren giftig. Als ze gestoken werd, had ze waarschijnlijk een dokter nodig die haar tegengif kon geven. Maar die was hier niet. En die zou voorlopig ook niet hier kunnen zijn.

Ze schrok op toen ze stemmen hoorde. Het waren Coco en meester Manuel. Ze kwamen terug!

Langzaam richtte ze zich op en keek om zich heen. Ze zag ze niet, maar ze moesten wel vlakbij zijn.

Rosa wist dat ze niet kon blijven zitten. De kans was groot dat ze haar zouden vinden. Ze keek nog een keer naar de holle boom. Hoe ver was het? Vijf, zes stappen? De opening was niet groot, maar waarschijnlijk net groot genoeg.

Ze haalde diep adem en toen sprong ze op. Als een wild dier schoot ze tussen de varens door. Struikelend en vallend.

Ze voelde haar hartslag in haar hoofd toen ze zich even later tegen de boom aan drukte. Twijfelend keek ze naar het gat. Zou ze erin gaan? Wie weet wat voor beesten zich daarbinnen verscholen?

Maar toen hoorde ze Coco en meester Manuel weer. Hun stemmen klonken luider nu. Takken bewogen.

Ze had niet veel keus. Zonder er verder over na te denken, bukte ze zich en kroop door het gat in de holle boom. Ze zat er nog maar net toen ze bladeren hoorde ritselen.

Coco en meester Manuel liepen door de varens. Precies langs de plaats waar zij zojuist had gelegen. De meester wees op een geknakte varen. Daarna keken ze allebei om zich heen. Ze wisten dat ze daar had gezeten. Ze hadden haar spoor te pakken.

Ze drukte zich tegen de binnenkant van de boom en bleef muisstil zitten. Het rook er naar vermolmd hout en vochtige aarde. De holte was krap, ze paste er maar net in. Het broze hout verkruimelde en viel op haar schouders. Gespannen wachtte ze af. Haar blik dwaalde langs de rand van het gat in de boom.

Ze schrok toen ze vlak boven haar hoofd een enorme spin zag zitten. Hij was zo groot als een sinaasappel en zijn complete lijf was begroeid met korte bruine haartjes. Het dier staarde haar aan met acht piepkleine glinsterende kraaloogjes, die als speldenknoppen op zijn kop zaten. Boven zijn forse kaken zat een wit streepje, als een dun potloodsnorretje.

Rosa herkende deze spin. En ze wist ook zijn naam nog. Het was een bananenspin. Dat was de enige spin met zo'n wit snorretje. Die snorhaartjes waren giftig, wist ze; het dier ving er zijn prooi mee.

Ze rilde. Het beest zag er angstaanjagend uit met zijn enorme behaarde kaken. Toch was hij niet gevaarlijk. Een beet was pijnlijk, zoals een wespensteek, maar niet dodelijk. Dat gold trouwens voor de meeste reuzenspinnen.

Coco en meester Manuel waren naar de boom gelopen en stonden zachtjes te overleggen. Rosa had het geluid van de helikopter al die tijd in de verte gehoord, maar nu kwam het dichterbij. Ze hoorde een pistoolschot, gevolgd door meerdere schoten.

'Er is iets mis,' hoorde ze Coco zeggen.

Wat was er aan de hand? Was er toch nog op tijd hulp gekomen?

Ze concentreerde zich op het geraas van de rotors. Het leek wel of de helikopter rondjes vloog.

'Moet je kijken,' hoorde ze meester Manuel zeggen. En even later zag ze zijn hoofd voor het gat verschijnen. Het hing ondersteboven en keek haar recht aan. Eerst verbaasd, toen triomfantelijk en daarna vals.

Er was geen tijd om na te denken. Zonder te aarzelen deed Rosa iets wat ze normaal gesproken nooit zou durven. Het was alsof een onbekende kracht diep binnen in haar de besturing had overgenomen. Met een snelle beweging pakte ze de enorme spin bij zijn harige achterlijf en gooide hem in meester Manuels gezicht.

Krijsend als een speenvarken schoot hij omhoog. Ze hoorde hem vloeken en schreeuwen terwijl ze zich door het gat wurmde en over de vochtige bladeren naar buiten kroop.

Meester Manuel stond vlak naast haar, gebukt met zijn handen voor zijn gezicht. Coco zat op haar hurken met haar hand op zijn schouder. 'Wat is er?' vroeg ze bezorgd.

'Rosa!' riep meester Manuel.

Met een ruk draaide Coco zich om en keek haar recht aan.

Angstig kwam Rosa overeind en begon te rennen. De helling af. Vallend, glibberend en rollend zocht ze zich een weg door de jungle. Ze sprong over boomstronken.

Gleed bijna uit over de natte stenen in een smal beekje. Wrong zich door de wirwar van woekerende planten. Ze verzwikte haar voet toen ze verkeerd terechtkwam in een ondiepe kuil.

Vlak achter zich hoorde ze voetstappen. Ruisende bladeren. Knappende takken. Coco was sneller, maar ook een stuk groter dan Rosa, wat een nadeel was in het dichtbegroeide oerwoud.

Op haar buik kroop ze onder een laag overhellende boomstam door. De aarde was vochtig. Alles was altijd nat in het nevelwoud. Haar kleren waren doorweekt.

Rosa keek om zich heen. Ze had schoten gehoord. Waarschijnlijk was er hulp gekomen. Ze moest terug naar de junglehuisjes. Maar waar waren die?

Toen ze wegrende was ze omhooggegaan. Ze moest nu dus verder omlaag. Ze luisterde naar het geluid van de helikopter. Hij was vlakbij.

Achter zich hoorde ze Coco's voetstappen. Moeizaam stond ze op en begon in de richting van de helikopter te rennen.

Het duurde niet lang voor ze de junglehuisjes zag. En even later een lange zwarte auto. Ze kende die auto. Het was de limousine van haar vader! Er zaten vlaggetjes op de motorkap.

Hijgend strompelde ze erheen. Lopen ging moeilijk, al voelde ze geen pijn. Ze voelde helemaal niets. Het enige wat ze nog hoorde, was het alles overstemmende lawaai van de helikopter.

Buiten adem kwam ze bij de limo. De deuren stonden open. Er zat niemand in. Vlug strompelde ze verder. Daar was de open plek met de touwladder. Hoopvol keek ze omhoog, naar de helikopter die boven de bomen hing.

In de deuropening zag ze meester Gabriel staan. Hij hielp Julia en Fico naar binnen.

Met haar laatste krachten wankelde ze naar de touwladder en begon meteen te klimmen. Het ging moeizaam door haar pijnlijke enkel, maar ze zette haar tanden op elkaar.

De meester keek op. Verrast. Hij riep iets, maar door het lawaai kon ze niet horen wat. Toen betrok zijn gezicht. Weer begon hij te roepen. Hij wees in haar richting.

Geschrokken keek Rosa omlaag.

Het was Coco. Ze stormde op haar af.

Rosa probeerde sneller te klimmen, maar haar voet werkte niet mee. Tijdens het rennen had ze hem nauwelijks gevoeld, maar nu ze er met haar volle gewicht op moest staan, voelde ze hoeveel pijn hij deed.

Meester Gabriel riep weer iets. Hij zwaaide in paniek met zijn armen.

Coco was Rosa nu tot op een meter genaderd. Kreunend probeerde ze zichzelf omhoog te trekken. Het ging te langzaam. Veel te langzaam. Coco greep naar haar been. Rosa voelde de hand rond haar enkel, maar wist zich los te rukken.

Toen begon de helikopter te stijgen.

Coco vloekte. Rosa zag haar staan. Haar armen omhoog, haar woedende ogen op haar gericht. Een moment later zag ze meester Manuel uit de bosjes tevoorschijn komen. Hij schreeuwde. Er zat een lelijke rode plek op zijn gezicht.

Rosa klom voorzichtig verder omhoog. Ze probeerde niet naar beneden te kijken. Voetje voor voetje ging ze omhoog, totdat ze bij de deuropening kwam en meester Gabriel haar de helikopter in trok.

HOE HET VERDER GING

De president was opgetogen. De kranten stonden weer vol met geweldig nieuws over hem. Met veel genoegen las hij de volgende ochtend de verhalen tijdens het ontbijt.

SUPER PABLO REDT ZIJN DOCHTER

San Fernando – Onze grote president Pablo Fernando, die ook wel Super Pablo wordt genoemd, redde gisteren zijn dochter uit handen van een stel laffe spionnen. De superheld achtervolgde hen tot diep in de jungle. Met zijn superkrachten hing hij uren aan een helikopter. Hij werd geraakt door een kogel, maar gaf niet op en bracht zijn dochter veilig thuis.

De spionnen waren in dienst van de oenige, onnozele, halfgare, aapachtige president Max Romero. De man die niet kan rappen. Die niet hip en cool is. De man die mens-erger-je-niet niet heeft uitgevonden. De man die de maan niet bezit. De man met de hersens van een dwerggarnaal. Die man, zo zei de president tegen deze krant, is een sukkel.

De spionnen zijn inmiddels gearresteerd en verbannen naar een onbewoond eiland met alleen een Fernando-zwembroek.

SPIONNEN COSTA KANARIA ONTMASKERD

MAX ROMERO IS EEN SUKKEL

Toen de president klaar was, vouwde hij zijn krant dicht. Zijn oor zat in het verband. Een kogel was dwars door zijn oorlelletje gegaan. Daar zat nu een rond gaatje in, zoals je ook wel ziet bij sommige punkers. Het gaf niets, hij was er trots op. Hij zou het waarschijnlijk bij iedere gelegenheid aan iedereen laten zien en er trots over vertellen.

De president veegde zijn mond af met zijn servet. 'Ik ben een superheld,' zei hij. 'Ik denk dat ik mezelf nog maar eens een medaille geef.'

'En Julia dan?' vroeg Rosa. 'Zij heeft meester Manuel ontmaskerd. En zonder Fico had je mij nooit gevonden.'

De president krabde aan zijn kin. 'Dat is waar,' zei hij. Hij keek Julia aan en zei: 'Zeg maar wat je wilt en ik zal het je geven.'

Julia bloosde. Ze dacht even na en overlegde toen zachtjes met Rosa, die naast haar zat. 'Mag ik alles vragen wat ik wil?' vroeg ze voorzichtig.

'Natuurlijk,' zei de president gul. 'Dankzij jou heb ik mijn eilanden nog. En mijn dochter, natuurlijk.'

Julia aarzelde even, maar toen zei ze: 'Ik denk dat de mensen in Costa Banana het fijn zouden vinden als u hen niet zomaar zou afluisteren.'

De president was even van zijn stuk gebracht. Misschien had hij verwacht dat ze om een scheepslading barbies zou vragen. Of om een roze limousine. Of om een kudde kleine blauwgeverfde pony's. 'Hoe bedoel je?' vroeg hij. Hij keek haar verbaasd aan. 'Ik moet toch weten wie mijn vijanden zijn? Costa Banana zit vol spionnen. Dat heb je zelf gezien.'

'Dat afluisteren heeft anders niet veel geholpen,' zei Rosa. 'Je hebt meester Manuel jaren in de gaten gehouden, maar je hebt nooit geweten dat hij een spion was. En Coco en Ernesto konden ook gewoon hun gang gaan.'

De president was even stil. 'Maar ik moet toch weten hoe de mensen over mij denken? Ik moet weten wie mij aardig vindt en wie niet. Mensen die een hekel aan mij hebben, zijn een gevaar voor het land.'

'Als u wilt dat de mensen u aardig vinden, kunt u misschien beter een goede daad doen,' zei Julia voorzichtig.

'Een goede daad?' De president keek haar nu ronduit verbijsterd aan.

'Bouw een nieuw ziekenhuis. Zorg voor goede scholen. Nieuwe wegen, bruggen, tunnels,' zei Julia.

'Denk je dat dat werkt?' vroeg de president.

'Natuurlijk,' zei Julia. 'Ze zullen van u houden. En de hele wereld zal zien hoe bijzonder en uniek u bent. Ze zullen liederen over u schrijven, gedichten en verhalen.'

De president staarde twijfelend voor zich uit. 'Maar dat doen ze al,' riep hij. Hij wees op de krant. 'Ik ben Super Pablo.'

'Dat moeten ze schrijven,' zei Rosa. 'Maar vinden ze dat ook echt? Meester Manuel deed net alsof hij groot fan van je was, maar ondertussen...'

'Als u goed bent voor de mensen, zult u beroemder worden dan Max Romero,' zei Julia.

'Denk je?' Er verscheen een grijns op het gezicht

van de president. ‘Goed,’ zei hij. ‘We gaan het doen. We zullen die Max eens een poepie laten ruiken.’

‘Misschien krijgt u dan ooit wel de Nobelprijs,’ zei Julia.

‘Voor een goede daad?’ grinnikte de president. ‘Het moet niet gekker worden.’

Meester Gabriel kwam terug op het paleis en bleef de privéleraar van Rosa en Fico.

Rosa en Julia bleven vriendinnen. Ze schaakten samen en Julia logeerde nog vaak op het paleis.

Mevrouw Lopez was zich het apelazarus geschrokken toen ze hoorde dat meester Manuel een spion was. Hoe was het mogelijk? Hoe had ze zich zo in hem kunnen vergissen? De man met wie ze samen Fernando-poppetjes had gespaard. De man die haar had voorgelezen uit de dagboeken van de president. De man die er zo goed had uitgezien in zijn Fernando-zwembroek. De man zonder snor die desondanks zo lief was geweest.

Gelukkig duurde haar verdriet niet lang. Al na een uur had ze weer zitten flirten. Met Pepito en zijn prachtige snor. Diezelfde nacht nog had ze gedroomd dat ze met hem zoende. Ze had zijn snor zo heerlijk voelen kriebelen. Tot ze wakker was geworden en had ontdekt dat er een spin op haar mond zat.

Mevrouw Lopez kreeg uiteindelijk verkering met Pepito. Zijn snor kriebelde precies zo lekker als ze verwacht had en ze was hevig verliefd. Hij was de ware voor haar, totdat ze er na vier maanden achter kwam dat hij een cameraatje had verstopt in een Fernando-knuffel die ze van hem had gekregen.

Pepito probeerde het uit te leggen. Hij hield zo veel van haar dat hij haar altijd wilde zien, ook als ze niet samen konden zijn. Maar mevrouw Lopez had er genoeg van. Ze maakte het uit en zou de rest van haar leven blijven zoeken naar de ideale snorrenman.

Van de president kreeg mevrouw Lopez het Fernando-winkeltje waar ze de hele dag tussen de mooiste Fernando-spulletjes kon zitten.

Bling Bling schreef een prachtige rap voor de president. Het was niet echt een volkslied, meer een Pablolied. Het ging de wereld over en werd meer dan honderd miljoen keer bekeken op YouTube.

De president hield zich aan zijn belofte. Hij liet ziekenhuizen bouwen. Nieuwe wegen aanleggen. Hij bouwde bruggen, viaducten en groef tunnels. Algauw stonden de kranten vol met lovende berichten over president Pablo Fernando de Goede.

Toen Max Romero dat zag, besloot hij zelf ook nieuwe ziekenhuizen te bouwen. Groter en luxer nog dan die van Pablo. Hij liet snelwegen en bruggen aanleggen die twee keer zo breed waren als die in Costa Banana. Pablo kon daarop natuurlijk niet achterblijven. Hij legde tienbaanswegen aan en bouwde snel nog een paar extra ziekenhuizen.

Helaas duurde dit alles niet lang. Het geld raakte op en na een paar maanden maakten ze gewoon weer ruzie over eilanden, dinosaurusbotten, bananensoorten, mens-erger-je-niet, enzovoort. En natuurlijk over wie er de baas van de maan was.

RAP

Dit is Pablo, ey
Super Pablo
Ik ben Pablo, ey
Super Super Super Super Pablo

Ik ben Fernando, ik ben briljant en charmant
Ik heb een giftand, ik ben een grote gigant
Ik ben de baas, van het mooiste land
Ik ben een pitbull, ik laat me niet stangen
Ik houd je in mijn greep,
ik blijf een halfuur aan je hangen
Ik ben een pro, ik ben een onemanshow
Ik ben beroemd, van hier tot Tokio
Ik ben cool (cooler dan een ijsbeer)
Ik ben wijs (wijzer dan een wijsgeer)
Ik weet alles, en nog heel veel meer
Waarom de zon schijnt,
bananen krom zijn, Romero's dom zijn
Ik weet het antwoord,
ik weet het telkens weer
Ik zal je zeggen, ik zal je alles uitleggen

Ik ben Pablo, ey
Super Pablo
Ik ben Pablo, ey
Super Super Super Super Pablo

Hey Max! Ouwe druktemaker
Je krijgt een kus van m'n aap
op je kop in je slaap
Hey Max! Blotebillenkwaker
Ik ga je botten kraken,
ik voer je aan m'n draken
Hey Max! Je bent een pad
met een wrat op zijn gat
Hey Max! Ouwe imitator
met je nijlpaardensnor
Je bent een bruine banaan,
je bent een rare baviaan
Hey Max! Je bent zo slap als een plant
Ik stamp je plat,
rol je op als een croissant
Hey Max! Ouwe zeeolifant
met je garnalenverstand
Jij bent de baas
van kabouterland

En ik ben Pablo, ey
Super Pablo
Ik ben Pablo, ey
Super Super Super Super Pablo

SUPER GEHEIM AGENTEN,
BEDANKT!

Graag wil ik mijn dappere Super Geheim Agenten bedanken voor hun extreme, ongelooflijke, nooit eerder vertoonde heldenmoed en doorzettingsvermogen:

Göktug, Karel, Mila, Sienna, Jada Lynn, Hugo, Tijn, Salih, Hanneke, Chiara, Bobbi, Ruben, Nadine, Guyllian, Naut, Luc, Anne-Sophie, Lotte, Joep, Jesse, Famke, Tiddo, Daan, Pieter, Benthe, Teun, Felix, Daan, Lisa, Tsun-Hiem, Floris, Katie, Jelmer, Mattijs, Mila, Laurens, Lehla, Tonko, Dictus, Charlotte, Wouter, Alexander, Lars, Omar, Claudia, Hugo, Reijer, Rayan, Emma, Liam, Dylan, Ravi, Merel, Naud, Justin, Mandy, Isis, Joris, David, Merel, Felien, Vincent, Mathijs, Simone, Jeroen, Lucas, Martijn, Benjamin, Thibo, Chloë, Bas, Roos, Stan, Naut, Jesse, Koen, Sanne, Annemijn, Doris, Myrthe, Victor, Benthe, Rover, Sebastiaan, Benjamin, Mirthe, Nick, Hugo-Paul, Jasmijn, Julie, Joris, Bas, Iris, Nikkie, Timme, Frank, Yulin, Phoebe, Stijn, Elske, Tosca en Manon.

Jozua

VERSLIND ALLE BOEKEN VAN JOZUA DOUGLAS!

Jozua Douglas (1977) werkte enkele jaren in Costa Banana als geheim agent voor de Nederlandse overheid. Door een knullige fout met een drone werd hij echter ontmaskerd en moest hij halsoverkop het land verlaten. Momenteel leidt hij een saai bestaan als kinderboekenschrijver.

Jozua Douglas schreef al veel kinderboeken. In verschillende landen zijn vertalingen van zijn werk uitgegeven. Kijk voor een overzicht op www.jozuadouglas.com. In Costa Banana zijn Jozua's boeken verboden.

PABLO
MUESLI FERNANDO
BISCUIT
FERNANDO
SARDINE
PABLO VOOR DE WAS
PABLO BROKJES